女神从来不慌张

辫子歪歪 著

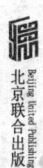

GODDESS
NEVER FEEL PANIC

一部充满力量的女性成长启事书

图书在版编目(CIP)数据

女神从来不慌张 / 辫子歪歪著. -- 北京:北京联合出版公司, 2016.5
ISBN 978-7-5502-7016-9

Ⅰ.①女… Ⅱ.①辫… Ⅲ.①随笔-作品集-中国-当代 Ⅳ.①I267.1

中国版本图书馆CIP数据核字(2016)第118605号

女神从来不慌张

项目策划	斯坦威图书
作　者	辫子歪歪
责任编辑	丰雪飞
策划编辑	安妮雨　孙　洛
封面设计	仙　境

北京联合出版公司出版
(北京市西城区德外大街83号楼9层　100088)
北京市兆成印刷有限责任公司印刷　新华书店经销
140千字　880毫米×1230毫米　1/32　8印张
2016年7月第1版　2016年7月第1次印刷
ISBN 978-7-5502-7016-9
定价:35.00元

未经许可,不得以任何方式复制或抄袭本书部分或全部内容
版权所有,侵权必究
本书若有质量问题,请与本公司图书销售中心联系调换
纠错热线:010-82561773

目录

Contents

001　赵薇
不是幸运，本就传奇

014　范冰冰
踩着板砖，逆袭成爷

023　周迅
生命有灵气的女子

031　汤唯
文艺女王，绝境重生

041　章子怡
声名鹊起，情爱何依

049　孙俪
她让爱与岁月和解

057　刘诗诗
浓墨重彩中，淡淡的女子

064　林志玲
穿上优雅这件不老的外衣

072　刘若英
无人摘走栀子香

082　王菲
那些少年追过的高中女生

091　舒淇
泥泞中蔷薇勇敢绽放

102　袁泉
做个花期长,慢慢香的女子

111　张柏芝
爱至沧桑,仍引希望

120　李冰冰
低着头的姑娘,有天鹅的梦想

129　董洁
本是百合,误落凡尘

138　柳岩
忘记黑夜,以美艳的姿态飞翔

146　李宇春
挣脱世俗,成为另一种花儿

154　刘亦菲
亲爱的,外面没有别人只有你自己

161　杨幂
了不起的北京妞，金不换的聪慧

170　徐静蕾
本就叛逆，修行已成

181　高圆圆
邻家女孩，岁月不容你黯淡

190　唐嫣
用不仓促的步子，等一场流光向晚

197　林依晨
不是每个袁湘琴都能成为程又青

206　伊能静
为你低入尘埃，不如爱己不渝

216　小 S
沐过冷风，依旧渴望

225　巩俐
时光易逝，从容永存

233　林青霞
唯有她美成一个时代

242　胡因梦
任她云深不知处

赵薇
不是幸运,本就传奇

有的人一生也等不到扬眉吐气的时刻,而总有人像拾到上帝预留的橄榄枝,很早就一鸣惊人了。一开始,我也嫉妒这个姑娘的人生太过幸运。可是后来我发现,绝不是幸运让她成了传奇。

"爱情就像一条河,谁不是摸着石头过河呢?" 2013 年,在赵薇执导的电影《致我们终将逝去的青春》里,林静这样解释在他生命里不期而遇的爱情。大部分的人生也如是:懵懵懂懂,随波逐流。而她看似横冲直撞的人生恰恰是其中的异数:命运的缰绳,好像从未离开她的手心。

电影拍摄地是大学校园,不远处捧着笔记本等待签名,举着手机等待拍下她倩影的学生如汹涌潮水。她戴着墨镜坐在片场监视器后,指导年轻演员毫不含糊。原著作者辛夷坞说,她就是笔下那个敢爱敢恨的郑微的原型。电影里,郑微跟着《红日》的节奏在舞台上放肆跳跃,北影的班长孔维说:"这不活脱脱就是大学时的赵薇吗?"她穿着背带裤,戴着墨镜,在校园的树影和蝉鸣里近乎苛刻地指导着电影里的新人们。她选择拍摄的这个故事轰轰烈烈,实际上她的青春远不止剧本里描摹的,盛放得比四月的春光还光彩照人。

她本来会是个老师,最大的特点可能是爽朗风趣。母亲是小学音乐教师,也是按着祖国园丁的路数培养着宝贝女儿。坦白说,女孩子做教师的确是祖国大地上最为人颔首赞同的选择。她小学念的是师范附小,高中就读的是芜湖师范学校。在那个年代,这条路很稳妥。毕业后直接分配到各区县学校任教,她的同学也大多如是。一期《鲁豫有约》,节目组费心地找到了昔日师范学校的同学,她们如今都是资历丰富的教师,而原本她的人生也如此这般地毫无悬念。

高中时,同学久闻她的美,好奇地在人群中寻找一个叫赵薇的美丽少女,结果酷酷的野小子形象,刷新了同窗对"校花"二字的认识。少女情怀总是诗,当她和闺蜜交换了暗恋的小秘密,她第一时间打电话约出好友暗恋的男生,促成好友和心上人的约会……义气和豪爽的个性,让她的青春回忆起来也留着温暖欢笑的余音。好友在《我的同桌赵薇》里写道:这个世上有两种人,一种，光芒会把人盖住，而赵薇是另一种，光彩照出来也是暖洋洋的。

2013年入驻梦想观察员的评委赵薇，意外给了一对甩着草裙卖力的表演者一个Pass。她说，我欣赏你们身上那种疯狂的东西。她说，她的字典里，达人精神就是：疯狂。而细数她的青春，遍撒了一件件疯狂的有趣小事。和好友去买教学用的颜料，阳光下的颜料泛着梦幻的色彩，美好得让她忍不住舔了一口；课本剧《狼和小羊》里，她自告奋勇去演狼；莫泊桑的《项链》里，俊俏的她偏偏要演那个窘迫又执着的公务员。

男孩子气似乎早早地从她的个性里显山露水。浓眉大眼、靓丽的外形，活泼开朗、豪迈义气、大大咧咧的性格不只为她平添了些许娇憨，也让她赢得了男孩子们情如哥们儿的友谊，招来了向来善妒的女孩子们的喜欢。这样的个性不能不说是她后来在演艺江湖里行走自如的秘籍。

1993年，巩俐、尔冬升主演，大陆女导演黄蜀琴执导的传记片《画魂》在她所在的师范学校招收群众演员。水是眼波横，山是眉峰聚，眉眼盈盈的她被选中跑了一回龙套——一个没有台词的小角色。

二八少女正是在多梦的年纪，当时和她一同被选上跑了龙套的同学们大概也都容貌不俗，多少也曾在心里荡起一丝涟漪：也许我也可以是一个演员。可是当梦想遇见现实,往往会找出一万个借口,阻挡在做出改变的前头。它本来也可能只是师范生赵薇人生的一个简单插曲,顶多成为多年后膝下承欢时,或者在年华逝去后的疲惫里一个无足轻重的谈资。

然而1994年,当同学们都分配到单位当教师的时候,她以继续求学的理由放弃了铁饭碗,投考了上海谢晋恒通明星学校。"新生队伍里站着一个女孩子,头发很长,特别扎眼。当时我就想,这个女孩一定能红。跟漂亮无关,她身上有一些东西跟别人不一样。"同窗好友陈坤在《突然就走到了西藏》里回忆。他是敏锐的,兴许是这姑娘的确有正旦的雏形,从谢晋恒通明星学校毕业的赵薇,已经是《女儿谷》《大魔方》《东宫西宫》的主要角色。

演艺之门悄悄开了一条缝,大多数人无不欣喜若狂,握住有限的青春多多拍戏。而此时的赵薇,又一次让人跌破眼镜。

1996年,她报考北京电影学院本科班,专业课成绩全国第一。考试当天,迷糊的她忘记带准考证,在考场外的走廊哭得梨花带雨。监考老师崔新琴被这双楚楚垂泪的明眸拨动了心弦,破格令她补证准考。

似乎自带幸运光环,乖乖做起学生的她,大学二年级就偶遇了一个角色,不想竟因此成为世界关注的焦点。其实一开始《还珠格格》里的小燕子一角是属于李婷宜的,可惜她档期冲突。《姐姐妹妹闯北京》里那个大眼睛村姑引起了琼瑶这个"大眼媳妇儿控"的注意。命运的橄榄枝再一次伸向了这个姑娘。多年后,剧中演员回忆起这部创造奇迹的电视剧的拍摄,环境、伙食、待遇等都不甚如意。但他们是幸运的,细细小小的委屈很快被一夜爆红所涤荡。

有人说是赵薇让她知道了"一夜成名"这个词。有人说是赵薇引领内地进入了全民崇拜偶像时代。她吐吐舌头说:大学传达室的老爷子因为来信粉丝太多,向她投诉,她才知道自己火了。

2006年"雪碧我型我秀"冠军师洋从不讳言,自己曾是赵薇的超级粉丝。因为她代言拉芳,于是整箱整箱地购买,看着包装上的倩影也是满足。在论坛里更是舌战群雄,和黑粉们"兵刃相接"。是不是很疯狂?可是我理解他。校门口的贴纸是她,书店里最热卖的磁带是她的,大街小巷放的音乐不是《当》,就是《雨蝶》。连赵又廷高圆圆的婚礼上,从不看电视的赵又廷的爷爷还是一眼认出了她:小燕子!

到底有多火?一言蔽之,那一年我们都爱小燕子。2015年,阔别电视圈多年的她主演《虎妈猫爸》,有一场卡拉OK的戏,待她洗漱归来,片场几百人齐唱着《有一个姑娘》。导演才恍悟这些平日里从不表露崇拜之意的年轻人,无不是看着《还珠格格》长大的。一炮而红带来的盛名对于一个涉世未深的年轻女孩来说,很可能是把双刃剑,在赐予她万众瞩目、掌声欢呼的同时,也可能使很多微不足道的细节被放大甚至扭曲。被问及想和当年的小燕子说什么,她笑了笑说:"你挺不容易。"

当时的她还没有学会左右逢源,便被抛至舆论的风口浪尖。迟到耍大牌、票房毒药、负面新闻……她深陷在各种暗箭明枪里,无处躲藏。她洒泪第17届中国电视金鹰奖庆功宴,当众道歉时满脸憔悴,眼睛蒙着一层忧伤。一时间,站在顶峰又跌落谷底的她好像再也无法重新站起。

这个世界从来不乏红极一时,转而销声匿迹,甚至声名狼藉的明星。长江后浪推前浪的道理在这个圈子尤其写实。一不留神,过气的明日黄花早已被观众遗忘在冰冷的沙滩上。最稳妥的收场似乎是在一个角色的巨大成功后不断复制同类型角色的演绎,最终成为一个无可替代的类型演员。六小龄童演活了孙悟空,天下无双,但演起其他的角色似乎也无法洗去孙悟空的痕迹。这不能不说是一个演员的无奈。

一时之间,她急于摆脱小燕子给她的枷锁,为了不被定型,开始了艰难的跋涉。在小燕子效应仍旧大热的时候,她放弃了消耗,开始了重生之旅。

《少林足球》《炮制女朋友》《天下无双》《侠女闯天关》,回头看这些被视为没有跳脱小燕子的作品，才发现当时的她为了突破不惜扮丑相。相比宁愿美丽坚决不扮丑的花瓶们，她显然更欣赏不随时间褪色的美，她选择慢慢沉淀。

《夕阳天使》和《绿茶》带着明显挑战的意味。忽而她是性感的东方霹雳娇娃，虽然相比舒淇略显生涩；忽而她分饰两个性格迥异的女子，在刻板保守与性感迷离里任意切换，在让姜文沦为绿叶的同时，悄悄显露出收放自如的强大气场。虽然情怀片与故事片不及商业片是趋势，虽然一个电影的成败取决于综合因素，绝不能凭一位演员论成败，但她依然背负了很长时间"票房毒药"的恶名。

终于，《京华烟云》里，端庄大气的姚木兰赢得了很多人心；《情人结》里，纯情坚韧的屈然赢得了专业的肯定。如果没有壁虎断尾的勇气，她的艺术生命大概会开始于小燕子，终结于小燕子。

很多人惊艳于她的演技是因为《画皮》。将军驾马归城，迎接的夫人佩蓉爱慕里透着心疼，崇拜里透着内敛，端庄中不失柔情。她真的不是那个爱恨激烈、不知内敛的小燕子了！《花木兰》和《赤壁》里，骨子里男孩子气的一面升华成英姿勃发。《爱》里，初为人母后的她第一次用火辣舞姿告诉那些轻蔑的眼光：谁说我不是性感尤物。

阔别电视圈多年,她接了一部《虎妈猫爸》,演绎一个在勾心斗角的职场里一路斩妖除魔,在家庭婚姻里守卫爱情战胜小三,在育儿方面费劲心思的白领角色,这对于略带虎气的赵薇来说,易如反掌。剧中她的坚强、独立、勇敢、优秀都来源于她的狼爸。而现实中塑造她的,也很大程度上取决于她的家庭。

妈妈是温柔贤惠的小学音乐老师,爸爸是事业有成的房地产工程师,在拥有了一个儿子后,古灵精怪的女儿成了全家人的掌上明珠,类似幼儿园表演节目时偷偷溜回家吃零食的顽皮事迹数不胜数。

小时候,年长几岁的哥哥半开玩笑地说:"从前你没有出生的时候,爸妈总是给我买巧克力,自从有了你,我几乎都没有了。"小小的她笑说:"长大后赚钱了,我给你买很多巧克力。"哥哥后来回忆时还满是感动。

娱乐圈似乎是家庭不幸福孩子的聚集区。张国荣回忆起的童年是父母失和;张柏芝回忆起儿时父母争吵,直说盼着他们早点分开;梁洛施童年的漂泊,直接造成少年时期的叛逆。显然分裂的家庭给他们的童年乃至一生留下了不可磨灭的影响。当赵薇的笑眼放射着光芒、不含阴霾,这实在是温暖和睦的家庭、兄妹同心的亲情赐予她的人生宝藏。

第一次令我感叹她的智慧是关于爱情。她做事高调,宣传期绝不含糊，却鲜少炒作爱情；对待感情的态度也极为低调，经历的几场爱情也只是在娱记的猜测里拼拼凑凑，从未在她口中昭告世人。两个人的甜蜜与忧伤，似乎经由另一张嘴的描述也会变味，她也许深知这个道理，从来三缄其口。一直觉得她的气场和台湾综艺不太搭，《小燕之夜》里发现她对自己的感情事措辞相当谨慎。

尽管对于八卦好奇的观众，如我，不太过瘾。但一个巨星能有这般意识和定力却令人敬佩。不同于自爆炒作的娱乐圈上位法则，当她成为一个哈欠也能衍生出一篇报道的明星，家人隐私尤其是感情事，似乎都进入她小心翼翼保护的领域。不为盛名所累，她已经尽力做得很好。32岁那年，她和黄有龙注册结婚，34岁生下了可爱的女儿——小四月，扑闪着迷人大眼睛的小四月，一颦一笑像极了儿时的赵薇，俨然中国的小苏瑞。女星的星途向来难卜，她们的幸福往往更凶险难料。再次令人大跌眼镜，她在一线女星飘摇的剩女群中就这样稳妥地"早婚早育"了。

恩师崔新琴说：她是个很懂得把握命运的女孩，在任何时间段都能完成该做的事。知徒莫若师，2005年她建议赵薇考自己的研究生时，赵薇再一次显示了自己的主见，她这次要考导演系。那是中国电影进入大片的时代，令人眼花缭乱的特技让票房一路唱高，电影圈商业气息浓郁，甚至有人放言不久后演员将被特效取代。浮躁之气盛行时，赵薇选择了重新回到校园沉淀自己。更令人咋舌的是，在大家都以论文或小短片形式草草毕业的大环境下，电影《致青春》就是这姑娘的毕业作品。拍摄期一拖再拖，她很清楚自己心有畏惧。头顶盛名必承其重，最后不怕丢人的念头占了上风，心一横，她开始了艰苦拍摄。拍摄时，连续30多小时的工作让她在炎夏的正午一度有恍如隔世的感觉。心血所致，《致青春》获得北京电影学院导演系老师的一致好评。揽获百花奖最佳导演奖、金像奖最佳两岸电影奖的她很清楚自己看似吃了太多苦，却因为没有走捷径，笨拙而用心地用一部电影换取了旁人三部电影的经验。

在青春片掀起市场狂潮的时候，她却说："我要回归家庭，为执导下一部女性犯罪题材电影做准备。"当我纳闷，这姑娘横扫了 N 多电影奖项，为什么还不获金像、金马奖时，她举着那尊镀金的小裸男又一次在聚光灯处微微笑了。这一次，她演绎了一个满口方言的农村妇女，这个和她的生活毫无交集的女子，却令陈可辛赞叹，没有演戏的痕迹，给予了《亲爱的》纪录片的效果。

如今的她获得了世俗世界里有关名利的所有军功章，被拱上了人生赢家的宝座，她却淡然地说，自己不过是时代的沧海一粟。演出《亲爱的》时，她素颜、标准的农妇穿着，以李红琴的身份走在深圳街头时，人潮涌动，无人识得她是当代巨星。她说这一刻久违的感受令她触动：这才是真实的人生。

今日的赵薇绝不是当年初谙世事的小燕子。她始终在万众瞩目中，却又在悄悄地成长与蜕变。演员职业是虚荣的，赞美与掌声很容易蒙蔽人的双眼，她早早给自己安插了一个凯撒大帝身边的奴隶，提醒自己一切是过眼云烟。当年毫无经验的她，面试谢晋影视学校时，题目是"退掉化妆品"。对戏的女生凶悍地训斥她，她哭了一整天。那份脆弱让老师都无奈：演员要进得去也要出得来啊！多年后，她在一本书里得以释怀：演员要有一颗容易受伤的心。

儿时，心高气傲，自认不崇拜任何人，没有任何偶像。多年后，她说身边人都是她的小偶像，不论是知识渊博的编剧李蔷，还是普通中年男人的哥哥，每个人都有着无可替代的闪光点。谈及令女演员色变的年龄问题，她的观点令人钦佩：40岁才是演员的黄金时代，他们更能带来让人思考的故事。当年天真无邪的小燕子，正散发着成熟睿智的光芒。无怪乎一直对演员抱以"肤浅"观念的编剧李蔷，却说她是与众不同的，在这位挚友看来，赵薇的人生序幕才刚刚拉开。

作为双鱼座姑娘，她似乎太不符合优柔寡断、多愁善感的特质。可她又说："我从小就爱做梦，爱做白日梦，充满了对未来的幻想。我希望我能够成为一个独立的人，独立地去生活，独立地在这个世界上生存。"好像从 18 岁，她和师范同学的人生分别开始，她就照着从前白日梦的路径，不回头地往前走，一步步追逐梦想。

电影《Mr Nobody》展现了一个人一生不同选择的不同后果。如果以如此视角想象她的一生：

她是个小城里安分守己、岁月静好的教师；

她是个作品颇多，但名不见经传的小演员；

她是个红极一时，却又泯然众人矣的流星……

赵薇说人生大多都是随波逐流的，她不过是在这时代的洪流里，游出了一条泳道。诚然，她很幸运，但更重要的是她充满智慧，富于魅力。她亲手把着人生的舵制造着一个叫"赵薇"的奇迹。没错，这才是她的真实人生。

灵性思感

岁月的流逝无情地带来皱纹和华发，无人幸免。在你我拼命留恋青春的容颜时，是否忘记了有一种美可以随时间悠长，它来自内心，来自经历，更来自成长。你若盛开，清风自来；你若美好，自有人爱。

她成长的一路伴随着放弃：放弃稳定的铁饭碗，去追求演员之梦；放弃落入类型的角色，选择演出不同角色求突破；放弃如日中天的事业，选择去校园学习充电……懂得归零，盛名之下保持清醒，她的每一步无不需要勇气与毅力。逆水行舟，不进则退。她看似轻巧地一夜成名，看似顺风顺水地红了近20年，实则任何一步都举步维艰。

她说，如她这般经历动荡与复杂的女演员没有几个。也许痛苦本来就是她如今桂冠上的一部分。睿智、坚强、成熟、理性却又不乏敏锐、感性，此时的她远比当年光芒万丈的她，更加充满魅力，她不担心光阴流逝，因为是时间塑造了如今的她。

寄希望于幸运？她却告诉你，幸运，从来属于走在路上的人。

范冰冰
踩着板砖，逆袭成爷

"形太准了，眉眼鼻梁，笔笔中锋，像王羲之的字。王羲之的字，极姿媚的。"陈丹青如此形容自己在航班上一次偶然的艳遇。很久以后，他在《河东狮吼》里认出那个绫罗绸缎的郡主，正是当日酣睡在邻座的女子。纵是辛辣犀利的名画家，也用最柔情的笔道尽了一个路人眼中惊艳的她。

她的美并不像传统的中国美女，绝没有低眉顺眼的样子，相比大众美女们柔和的五官线条，她的美透着力量感。都说相由心生，从她挺直的鼻梁，瘦削的脸颊，特别是锐利的眼神里，仿佛能窥见灵魂里一丝不服输的倔强。《奔跑吧，兄弟》第二季，她受邀加入，没有客套，没有宾客惯有的谦让，从坐碎蛋壳开始，她单刀直入，气势凶猛。

相比之下，前一季以拼搏之气而名声大噪的 Angelababy 不论气势或战果上都呈现被碾压之势。她是好强的，绝对是拼姐界的翘楚。泥潭激战，她不顾形象硬生生夺下高地，老鹰捉小鸡环节遇到恋人照样不甘示弱。当她高举着象征真正雅典娜的圣杯，眼眸里是属于范冰冰自己的霸气。如果说跑男是带着战斗性的游戏，那么对于范冰冰，更像一个带着游戏性的战斗，正如她过往的人生一样。再弱的颓势，她也一定会扳回一局，因为她把它当作战场。

她走入大众视野，自然是因为《还珠格格》里的金锁。第一部跟在紫薇身边的这个遇事慌张，万般护主的小丫鬟，在第二部里，面对与尔康的三角恋，悲愤交加地说"不"。这部在娱乐史上如掷下原子弹般，带来轰动效应的电视剧，捧红了很多人。她在其中并不是主角，多年后当日呼风唤雨的大批演员起起落落，沉浮了许多，其中不乏主角。她却越发光彩熠熠。时光倒转，谁曾想到当年 17 岁的小女孩，能激起影视剧的滔天巨浪。

她出生在山东的普通家庭，父亲是文工团的歌手，母亲曾是舞蹈演员。骨子里外加后天熏陶，她早早地感受到艺术的魅力。和许多人误打误撞进入影视圈不同，11 岁时，她便立卜了成为演员的心愿。考进上海谢晋影视学校后，出手阔绰、豪车接送的氛围，令还在使用传呼机、依靠妈妈的 400 元生活费过活的范冰冰感受到现实的残酷与差异。毕业后，她成了全班唯一一个北上寻求机遇的人。

带着吉卜赛式的浪漫与胆魄，她跟着一个剧组到了北京，因为城市太过可爱所以留在了这里。北漂的漂亮女孩，自然有无耻厚颜的戏托频繁地搭讪招惹，既不能全然得罪这些带来万千演戏机会的人精，也不能被揩油，她打着哈哈周旋了好些年，若说她如今怎会这样四两拨千斤地在媒体与舆论里游刃有余，片叶不粘身，只能说当年的经历再艰难也已成了财富。有戏可拍，再为难也还是值得庆幸的。年末无戏可接，于是去楼下以一碗面条充一天的饥。明天起床后再没有戏约没有收入怎么办？所幸这样的忧虑只会短暂地停留瞬间，她便睡去。梦里仍旧有希望，把事业当作战场的人，这些惨淡的磨砺只会激发出她的斗志。

《手机》里，她演一个小三，拿下大众电影百花奖最佳女演员奖的同时，也迎来了负面新闻铺面而来的那几年。被包养、私生子、私生活混乱、整容传闻、争抢角色……那些年，她几乎是负面新闻的同义词，无图无真相，无凭无据却越描越具化。如果看过《搜索》，再想想历次热门事件，便会知道人心是多么容易左右的东西，尤其是对自己并不了解的遥远事实。于是她的负面新闻有模有样地传了很多年，被媒体暧昧地冠以"话题女王"的称号。

从泥土地里慢慢攀爬上来的植物怎么会惧怕风霜呢？的确人言可畏，但对于战士来说，前进更重要。她的顽强不是网上毫无根基的谩骂可以撼动的，可惜夜深人静，收工回家时，父亲却因为见到了天涯上女儿的离谱传闻，抽着烟踱着步无法入眠。羽翼已无法呵护女儿，多少艰辛怕连身为父母也无法一一详解，可是这种无法围护的心疼，足够令父亲心伤焦虑。反倒是她安慰父亲："公道自在人心，时间会证明我是个怎样的人。"

世界末日不过如此吧，被问及的总是捕风捉影的负面新闻，被相交多年的好友背叛，固有的观念与看法毁灭性地崩裂再生。回头再看，她说那也是她成长最快的几年。伤口结了痂，成了更坚硬不可摧的盔甲，这才是斗士的思维与意志。王学圻都愤愤不平："范冰冰吃的苦你们不知道。"这个教会他宣传重要性的女孩，并不喜欢炫耀她的伤口。《麦田》里，她演绎的依旧是倾国倾城的女子，但是穿着单衣被摔在硬板上，青紫一片这种事，她却绝不吭声。然而，无须撩开她的华服、看她的伤口，她密密麻麻的年表已足够令我惊诧。2006 年 6 部电视，2007 年 7 部电影，2008 年 3 部电影、3 部电视剧，2009 年 4 部电影，2010 年 4 部电影，2011 年 4 部电影，2012 年 3 部电影，2013 年 1 部电影，2014 年 2 部电影，2015 年 5 部电影……这份不完全的表单记录了她近些年繁重的工作量，她说她是爱操心的处女座，所以必须事无巨细地搞定。忙碌到在车上船上化妆，等一个红灯画一条眼线，塞车时便能完成妆面。她每天睡眠不足 5 小时，面对镜头时却永远容光焕发、不显疲惫。说低了这是一个优秀艺人的职业素养，说高了这是一个战士饱满的战斗热情。

有一种人，无论你是喜欢她，或是讨厌她，她都是无法忽视的。她便是这样的女子，绝对吸睛与夺目。她亲赴医院证实未整容，有力回击抛过来的一次次不怀好意的试探，在负面新闻的悬崖里，走一根平衡感十足的钢索，不愠不恼地给予回击。被问及花瓶，她说花瓶如此多，要被人难忘也不容易，如果是，那她也是名贵的古董式花瓶。被问及嫁豪门，她说自己就是豪门。王学圻被问与她的绯闻，她一把揽过圈套，掷地有声地说："有什么冲我来！"她总是笑着回答林林总总的无聊问题，不拼音量，不展怒容，照旧射出杀气，震慑得你羞赧离去。

她的角色里，我很喜欢《二次曝光》。这部电影不如《观音山》为她赢得了东京国际电影节的影后，但角色里慌张无措，只能躲在分裂人格里精神衰弱，直至崩溃的宋其展现了她一贯现于银幕的美貌、自信、强势之外的脆弱与自卑。宋其不是无坚不摧的范冰冰，但范冰冰可以演活宋其。与之完全极端的是《万物生长》，柳青很像媒体眼中的范冰冰，柳青和她的偶像；走在西西里，被小镇男人、男孩们每天视奸无数次的绝色美人莫妮卡·贝鲁奇异曲同工。同样风情万种，千娇百媚，一颦一笑都带着成熟女人的韵致与诱惑，她勾起木讷却狂热的青年心中燃烧的欲望，她本身就是引诱他的迷情。尽管冯唐自负飘逸的文字变作银幕上的这个故事，暴露出逻辑的不足，但柳青的风情却透过范冰冰的身体表现得淋漓尽致。"我会用我的万种风情，让他在将来，不和我在一起的任何时候，内心都无法安宁。"因为是范冰冰，这句台词显得很有底气，她当然当的起"风情"二字。

她不肯剪短的波浪长发，她不追随潮流减肥的丰满身体，总让我恍惚，银幕上本该就有这样的美女吧，否则世界的风情该由谁来演绎。可是翻翻她早期的《爱情呼叫转移》，女警陈小雨的青春正直，也仿佛真的就是彼时的演员范冰冰啊。被质疑毯星时，我想许是她的曝光度始终那么高，于是令人忽略她的作品，她繁多的作品里，百变演员的特质正在悄然显现。

莺飞草长时，群莺也不免迷醉在春色里，乱飞一团。更何况是身处名利的尖端，耍大牌，红极一时的当红炸子鸡如昙花消逝的太多。即便如今，对于一星半点的机遇她仍旧不会放弃。曝光率极高的红毯，她哪次不是艳惊全场，一袭剪裁得当，裹身的龙袍式旗袍被讽刺把野心穿在了身上。她轻而易举以一句"我希望我的穿着能让人知道我是中国人"回击了言论。

时间涤荡了负面新闻，她也比从前成长了许多。如何转化负面新闻，博取有利局面，她了若指掌，非常智慧。2014 年，最具热度的《武媚娘传奇》以 100 亿的破纪录点击量成功收官。一次次冲上话题榜顶，引发全民热议，其中不乏恰逢其时的绯闻……她已不是被舆论左右的小金锁，她是可以把脉人心风向，左右舆论的女王范爷。身处是非无法脱身，何不主宰风云。作品问世，被人议论被人赞许才是电视剧人的职责，不得不说无论你是厌倦了所谓的范式炒作，还是忍不住一次次刷着关于她的热点，美丽神秘，高产话题热，她实在是这个行当里最敬业最称职的从业人。

聪明如她，成了明星成立工作室的最初实践者。不再受制于经纪公司，她成了自己的老板。若说她智慧之处，不得不说她的管理运营与员工福利。以工资高，关怀够人性著称的范冰冰工作室，员工们每年都会收到她的红包，连员工婚恋难题也在日理万机的范爷寻思范围内，无论是危机公关，或是宣传造势，她的团队和她一样，训练有素，技艺精湛。尽管她绯闻满天飞，但 2015 却是她首度公开感情的一年。一个历经世事的女子会更懂得珍惜爱情，一个聪慧清醒的女子也才懂得如此这般经营爱情。和李晨扑朔迷离的绯闻，以一则"我们"的微博公之于世，这一次她大方接受祝福。气场足，女王范儿的她，在李晨面前却是乖巧地小鸟依人。她不吝啬地夸赞爱人的善良与优秀，懂得在感情里收敛起气势凌人的一面。而无论是与情敌，与对手，她似乎并不着急又纵观全局地走着每一步棋，真正地成了一直被模仿从未被超越的典范。

市场的嗅觉，她比媒体人更加灵敏。和于正合作演匪我思存的作品《东宫》，和郭敬明合作演《爵迹》里美丽绝伦的特蕾娅，她们和从前的她一样，极其受关注，极具话题性，也饱受争议。眼看着属于范式的浪潮将一波波袭来。2013年开始，她蝉联了福布斯中国名人榜的冠军，在属于她的战斗里，她始终蓄势待发，精力旺盛，曾经砸向她的板砖早已在斗士的利剑下灰飞烟灭，甚至倒戈助力，成了她一路逆袭的砝码。无论我是爱她，还是厌她，都不得不像《乱世佳人》中，白瑞德见到战火里独驾马车的斯嘉丽时感叹一句："这是一个了不起的女人"。

灵性思感

人生在世，很难不被议论、不被误解。及格的做法是以牙还牙，据理力争，必须说服那个给自己贴上负面标签的人；中等的做法是忍气吞声，不予辩解，不把时间浪费在无谓的人事纠葛上；最上等的做法如她，更卖力地朝着目标前进，最终化干戈为玉帛。明枪暗箭也能被她盈盈笑着的几句言语，打散了锐气，反为她用。

她的智慧、顽强，除了骨子里的要强，不能不说与她丰富曲折的经历有关。她并不喜欢宣传她的悲情、她的可怜。因为她把梦寐以求的事业当作终生的战场，她不示弱，她战斗力十足。她几乎是最适合娱乐圈的女人：她争强好胜，对戏剧有着强烈野心，她不脆弱她保持着充沛的热情。一个女人如何没有失去爱情的担忧，无论一人两人、顺境逆境都能活得扬眉吐气，她是不二范本。

美丽的人千千万，起点比之高的千千万，她却用时间证明了一条逆袭之路。那些年的工作量在旁人看来近乎疯狂，难以想象一个女子如何有那般强大的体力和意志力。美丽且强大，高调又智慧，一定会有人不喜欢这样的姑娘，但也一定有伯乐期待遇见这样的千里马。她似乎剑走偏锋，又总是棋高一着。她在风口浪尖依然笑容淡定，爱情里她又甘愿小女人，她美艳出众，又智慧顽强，我几乎想不到一个理由能阻碍她的前进，谁让她是范冰冰。

周迅

生命有灵气的女子

大学时，老师讲过一个关于失恋的故事。班里一个讨人喜欢的女孩子，在一个阳光男生的猛烈追求下很快坠入爱河。可是一年后当他们分手，女生顿时像换了一个人。眼底的光芒被抽离，生命好像黯淡下来。

好像经历了工作的忙碌、人际的疲惫、爱情的失落，婴儿时每个人都明亮的眸子终于都钝了下来。"衰老先老眼啊。"在我们用各种眼霜磨平眼角的痕迹时，却有人仿佛始终是岁月的宠儿。周迅就是这样的一位。

"你撒谎，像这样的事，只有爱情故事里才有。"24岁的周迅在银幕里停住，直直地看着贾宏声。《苏州河》里，这个在酒吧表演的女孩美美被一个为爱情奋不顾身，寻找一个人至死方休的故事感动了。

一眨眼,那个女孩已经过了四十不惑的年纪。但令人惊奇的,时间好像在她身上停止了。40岁那年,她饰演了《红高粱》里十九岁的九儿,镜头里依然是吹弹可破的少女模样,尤其没有违和感的是她的眼神,依然和20年前一样亮,像一汪清泉,反射着月光。

当时她的感情还没有着落,无论是鲁豫或是许戈辉在任何时间问她的爱情观。她总说:"爱情是美好的,对爱情始终向往。如果再来一个让我爱得死去活来的人,我依然义无反顾。"如果出自一个二八少女之口,你可能以为这不过是年少轻狂,不识人间愁苦的无知。但出自她的口中,却令人不禁为这初心背后的坚韧与勇敢,心生敬佩。

1989年,15岁的周迅因为文化课不佳,没有选择考入普通高中、念大学这条路,而是进入了浙江省艺术学校民族舞专业。后来,舞蹈家金星一眼从陈明的《幸福》MV里窗台上摇摆着身体的周迅身上,看出她良好的节奏感,这是沉浸舞蹈训练三年的好成果。

因为出众的容貌,起初她只是拍摄大量挂历及封面照,便赢得了北瞿颖南周迅的美誉。第三代导演谢铁骊一眼从挂历上相中了17岁的周迅,让她出演《古墓荒斋》的小狐狸精。不费力气就能在圈子如鱼得水的周迅，却因为第一段轰轰烈烈的爱情彻底改变了人生的轨迹。

1993年，来杭州演出的窦鹏，夺走了情窦初开的少女的心。于是周迅放弃稳定的工作，不顾劝阻毅然跟着爱人北上漂泊。初恋酸甜，五年后终于还是到了分手的时刻。从此，周迅独身北漂，开始频繁转场，唱歌赚钱，和她一同跑场子的还有黄觉。多年后，她夺下金像奖最佳女主角的电影《如果·爱》，很多人都说孙纳的北漂经历就是彼时周迅的真实写照。

不同的是，周迅远不及孙纳那么急功近利。因为天资过人，她依然受到了上天的眷顾。如果说《荆轲刺秦王》里的盲女和《风月》里的小舞女，只是轻轻拉她进了电影的世界，试水一般浅尝辄止。那么电影《苏州河》开始她真正施展才华。

当她在牡丹的纯真烂漫与美美的世俗孤寂里切换时，电影里那个苦苦寻找她的男人说："做我女朋友好吗？"她说："好。"那时的贾宏声是个才华横溢的万众偶像，她还是个任性，又随心所欲的孩子。现在她说自己依旧任性散漫，但那个曾经悄悄改变她生命的旧日爱人却已英年早逝，留下唏嘘遗憾。

1998年，她被恋人贾宏声带至导演李少红的《大明宫词》片场。男友来试戏，也期望她有个角色演出，哪怕一个小宫女也好。可是当瘦小的叼着烟的周迅穿上大唐戏服，清水芙蓉的太平公主立即闪现眼前。很多人对她的惊鸿一瞥都是因为小太平,而她波光粼粼的眼流露的灵气,从此几乎成了她的标签。

眼中掩藏不住灵动之气的少女,从此在戏剧的路上越走越宽。她是《像雾像雨又像风》里纯真的杜心雨,是《人间四月天》里的一代女神林徽因。《那时花开》里的欢子让高晓松直言:几乎要爱上。《十七岁的单车》里神秘的 Qin 把高圆圆也衬得苍白单薄。她仿佛进入了一场戏,便不是她自己。可戏外她好像一点没变,还是那个为爱痴狂的周迅。

2003 年《射雕英雄传》里,她演黄蓉,古灵精怪的周迅演绎金庸笔下的精灵女子似乎轻而易举,但一向硬朗的李亚鹏演起木讷的郭靖,怎么看都觉得有点别扭。不过他虽赢得了观众,却赢得了她的心。她的爱一如以往的猛烈,她毫不顾忌地在镜头前崇拜地看着他,说他满足了她对一个男人的期许。

远方那个与他相爱七年的女子为此黯然神伤,一时间她承担了很多骂名,但她似乎爱得无所畏惧。可惜爱情的热度如海水退潮,那些琐碎的分歧残留在沙滩上,只能硌脚,无法取暖。平凡人也常常熬不过平淡的争吵,在舆论风口浪尖里的周迅又一次在爱情里失意。

当她在《如果·爱》的金像奖领奖台上,激动到声颤地说:"感谢我的爱人大齐,忍受我的坏脾气。"世界都在为这个勇敢坦荡的女子鼓掌。她不止一次地说我们永不分离，每一句掷地有声，平凡女子尚且缺乏这番勇气宣告自己的爱情，在这个习惯于对感情事打太极的圈子，她实是个异数。

可惜这一次，她依然失落收场。2009年6月24日，一纸声明为这段轰轰烈烈的爱情画上了句点，也优雅地给纷乱的传闻吃了一个闭门羹。

因为对爱情的不信任，很多人不敢许下天长地久的诺言。因为怕收场得狼狈，很多人不会在任何地方骄傲地说起自己的伴侣。什么时候开始，畏畏缩缩的爱情、瞻前顾后的选择、权衡利弊的定夺成了婚姻爱情的主角。她的可贵在于，每当爱情来临，她都勇敢冲上，相信真爱，可以全身心投入，不计较得失，不害怕受伤地爱一个人。爱时深爱，不爱了则优雅离开。即使遍体鳞伤，她仍心怀感恩。

对于初恋，她说没有窦鹏就没有今天的自己。对于贾宏声的离去，她说会去参加葬礼，为他祈福。而李大齐、李亚鹏，不是三缄其口便是美好的祝福。我喜欢她对爱情的投入，更喜欢她对旧人的态度。既然真心爱过，就不要用恶语或恶行对待，因为他们造就了今天的你。

"如果遇到一个喜欢的人，我依然会爱得死去活来。"当她失去爱情后更让人心疼欢喜。不因为受过伤害，便沉溺悲伤，从此收起迎接爱情的翅膀，这才是勇敢坚强的女孩该有的模样。

她说也许因为父母的美好爱情，让她从小就抱有对爱情婚姻的美好愿望。她出生在浙江衢州市。父母商量如果头胎生了女儿，便不再生育，如果头胎生了儿子，便要一直生，直到拥有一个女儿。幸运的是，头一个孩子便是女儿，这让父母满心欢喜，这便是饱受宠爱的周迅。母亲是商店售货员，父亲是电影院海报画师，因此儿时的周迅得以在影院里度过童年，以至于长大后出入片场也有童年的熟悉亲切感。

成名后将父母接来北京的周迅起初忘记给新房装空调。热得母亲在做饭时大汗淋漓，父亲心疼得一边责备她，一边举着扇子在母亲身后为她扇风。周迅笑说："怎么就这么恩爱呢？"

看过一篇文章，叫《子女婚姻的质量，决定父母教育的成败》，我深表赞同。也许对于孩子爱的教育的最好方式，就是让他们生活在充满爱的温暖家庭里。

这样一直飞蛾扑火追逐爱情、心向阳光的勇敢女孩怎么可能不获得爱情？2014年，她遇见了她的真命天子。他初时竟不知她的身份，他们爱得非常纯粹。令很多人意外，她没有循着明星婚礼的套路，而是赶回老家，着最朴素的红妆，做一个平凡而幸福的新娘。看着异常登对的一对璧人在婚礼上拥吻，我想她在生命的此刻，一定正在感受爱的美妙。

在演艺圈里,她的爱情故事那么不同寻常,她的个性更无与伦比。在演戏上,她勤恳而高质量,不知不觉横扫金像、金马、金鸡、百花……然而奖项等身的她,除了在红毯上一次次得体的亮相,大多时候只在这个浮华的圈子里做着一个普通人。相比乐衷于话题炒作、红毯争妍斗艳,她更喜欢宅在家中,玩一些稀松平常的游戏。

《李米的猜想》里因为觉得爱人忽然摔死,应该是惊而不是立刻的悲,她拒绝导演的拍戏要求。被经纪人几次三番提醒不要叼着烟出现在镜头里,她竟然拿着个酒瓶便出了门。名利场里的她,好像还是当初那个孩子,不迎合不讨好,没有刻意,随心所欲地做自己。

周迅在我眼里,始终是轻盈的。即使获得了影后大满贯,即使声名显赫,她也没有什么偶像包袱。装腔作势完全与她无关。她可能比从前更会穿衣服,比初时更从容地应对媒体,但那个敢爱随性的女孩还在。黄觉说起他们相识之初,他和朋友走在大街上,周迅假装跑过去超越他们,回过身假装和另外两个女孩招手,实际想看清他们的正脸。纯然小女孩儿的调皮做派。20多年后,他们依然如故,而那个古灵精怪的姑娘也有了属于她的黄金时代。可孩子气好像依然没有褪去,她还是那个惹人怜爱的姑娘,睁着那双水灵的眼睛爱这个世界。

灵性思感

说起周迅，很多人的第一印象便是灵气。这个浙江女孩的灵秀之气，从她的眼睛里，从她浑然天成的演技里一览无余。相由心生，成功的角色也很难剥离她自身的个性。

她对媒体没有什么戒备之心，她的爱恨情仇也从来不遮遮掩掩，故作神秘。爱一个人时，希望全世界都知道，常人也无法这般爱得尽兴与勇敢，这位巨星统统可以做到。分手时候绝不交恶，可以躲在自己的世界疗伤，但绝不丧失爱的勇气和希望，等待着下一次浴火重生，她的可爱纯然令人很难模仿，也让人忍不住心生欢喜。

其实你不需要上下求索，只要放松跟着心走。其实你不需要声嘶力竭，用心感受世界，世界也会赐你温润灵秀。其实你不用对爱畏手畏脚，生命长河里每段爱情都塑造更成熟的你。《我和春天有个约会》中唱的最好："我可以永远像现在这般美丽，因为我生而为爱痴迷。如果你有情，这世界可以不需要再有四季，我的心早已经色彩分明。多少爱情正甜蜜，多少童话在凋零，而我始终相信，我将得到永恒的幸运。"

汤唯
文艺女王,绝境重生

前段时间,一篇名为《女孩子,要去大城市闯闯》的文章风靡朋友圈。文中提到作者在公交车上遇到的一个眼底有些许委屈,一脸局促不安的女孩,想到这个初来乍到的姑娘,作者沉闷的心情都轻松起来。忽然想到另一个姑娘,我的闺蜜之一。经历了一场暧昧,记住是暧昧。无非是对方言语上给了她无限希望,挑明后又坚决不越雷池半步。事情前后不过一个月功夫,就让她在 KTV 里哭得稀里哗啦,和电影《闺蜜》里失态放肆的陈大发相得益彰。可惜人家好歹是被交往多年的未婚夫劈腿之伤啊?一边安慰闺蜜,我们几个纷纷内心 OS:这么点小事,不至于吧。

后来,我发现玻璃心在小城市似乎是很普遍。看过这样一句话,简直不能再同意:"挫折经历得太少,才觉得鸡毛蒜皮都是烦恼。"多年前一群少年挤在一块儿看一部恐怖电影《山村老尸》，一群演员根据情节设定，完全禁不起惊吓，接踵牺牲。在我吓得哇哇叫时，一个同学感叹："演员这个职业真是脆弱啊。"长大后，看到明星自杀，明星抑郁，这句话不断浮现在我的脑海。也许感性令演员容易沉浸在剧情，演活角色，耐挫力却也很低。但有这样一个女子，有人说但凡她有半分脆弱，估计也随着她的前辈阮玲玉去了。她不只没有如此，而且越发美好，令人惊讶，她就是汤唯。

2007年，中戏导演系学生汤唯已经毕业三年了，在《警花燕子》《后海前街》《女人不哭》等电视剧里有时间或长或短的表演，相比之下她更热爱跟着恩师赖声川演话剧。《切·格瓦拉》里，穿着T恤和牛仔裤的大学女生，为理想而战的斗士，仿佛和汤唯的气质严丝合缝。此时的她，离家喻户晓的一线明星还距离甚远。赖声川来到中戏做客座教授时，第一眼看到汤唯就相信她能红：她身上有吴倩莲的影子。《色戒》征选演员时，赖声川推荐了得意门生汤唯去试镜，她召集了几个同学一起前往。此时她还不知道，这次试镜的电影导演是李安，更不会想到这部戏改变了她的人生。

香港媒体对于这个"来路不明"，忽然被委以重任的女主角满怀着质疑，大多数普通人怀着"和梁朝伟这样的戏仙飙戏，她真的 hold 得住"的心理走进了电影院。157 分钟王佳芝和易先生的爱恨纠缠之后,所有人都惊呆了,如果说王佳芝决定了这部戏的成败,在国内外惊艳一片的影评席大概可以消灭对她所有的疑虑。天才作家张爱玲取材于民国一代美人郑苹如传奇人生的短篇小说,经过李安导演的二次创作,以浓烈、饱满、反叛的情感征服了观众。对于一夜成名的汤唯,专业人士都给予很大肯定,就在众人美誉她星光将媲美章子怡时,一片乌云却笼罩在她刚刚蓬勃的艺术生命上。

也许如此大尺度的演出本就令很多关心她的人顾虑重重。香港某位电影监制看完感叹:"这女孩如何嫁得出去?"李安导演也曾直言:"汤唯以后的路不好走,能不能嫁人要看福分。"还没来得及面对三点尽露的表演带来的个人生活的压力,一道封杀令,似乎已经终止了这个初出茅庐的演员的事业。流言四起、指指戳戳、事业完蛋,"如果脆弱,她会是第二个阮玲玉"这样的唏嘘在当时看来并不夸张。

当她重新回到人们的视野,网络上关于她在那两年自强不息的故事流传很广,她听到了只是淡然说:"其实没那么夸张。"说到漂洋过海去伦敦学戏剧表演的日子,她满是怀念的口吻:"去英国,我感觉世界变大了!每天都是应接不暇的新事物,生活得很过瘾。"

几年后，李安说到王佳芝为什么选择汤唯，而不是呼声很高的章子怡时，说她是典型的江南女子的样子。而这个柔弱的江南女子似乎不像我们想象的那般脆弱。导演眼光独到，说汤唯这样的演员在大陆那几年是不太被喜欢的，有一脸国中老师的气质，很特别，在同龄人中很少见。而这似乎又能从她坎坷的演员梦里窥见一二。

1998年，汤唯第一年报考中央戏剧学院表演系，失败。第二年经过朋友劝说，曲线救国，改考中戏导演系，结果专业课通过，文化课差7分。2000年，她终于梦寐以求地进入中戏导演系。填报志愿里仅填一校一专业，斩断所有退路的做法，不难看出她的决心。

访谈里，主持人问：这个经历挺打击人的吧？"没有啊。我没有觉得。"汤唯笑着说。直把一同接受采访的冯绍峰、主持人好气好笑地说她："你这个没心没肺的。"渐渐地，发现她的风淡云清并不是刻意而为，她的抗击打能力和耐挫能力都源于丰富的精神世界。

儿时的汤唯是个十足的假小子，调皮捣蛋花样百出。三岁时爬电线杆，爬上去滑下来，再爬再滑，硬生生蹭掉腿上一块皮。因为充满了好奇心，绘画班、武术班、舞蹈班、电脑班……能引起她兴趣的特长班，她都参加过。高中时早上打球，中午午休打球,放学打完球后,再去画画,回家太晚,导致挨妈妈打的记录延续到高二。尽管妈妈年轻时也是一个演员,但对于顽皮的女儿,妈妈更希望她上一所普通大学,然后嫁人。但这种一成不变的生活完全不能满足小汤唯对这个世界的好奇心。爸爸汤余铭是知名画家,当然希望女儿继承父业。尽管汤唯最终选择了自己的电影梦想,但爸爸淡泊名利,在绘画中注重自我修养的态度却潜移默化影响了她。

汤唯完成第一部戏时,父亲因为帮人做担保人,结果由于受到被担保人牵连,被关到公安局。然而他要来了笔墨纸砚后,也能在囚禁环境里悠然作画数日。这一番旁人无法理解的自由与悠然,似乎可以在汤唯身上找到影子。

儿时的汤唯,喜欢趁着大人不注意,溜到西湖边玩耍。少年时,常常跑到凤凰山的小铁塔,在湖边,她就这么一直看着天色渐渐暗下来。长大后,她四处奔波,却仍然喜欢杭州的味道,懒懒散散,诗情画意。也许是在喜欢作画的父亲身边耳濡目染,如今颜料墨汁的味道也让她觉得亲切。杭州,这个山水如画的江南城市,弥漫着墨香和画意的故乡,似乎给了少不更事的她很多宝贵的启蒙。这些透着文艺气息的童年片段似乎为成年汤唯的性格埋下了伏笔。

于是,在全世界都以为汤唯躲在角落里伤心哭泣时,她正充实地生活在英国,在伦敦感受这个未知世界的美好。因为场地有限,老师带着他们去欧洲精致的墓地陵园里授课,让大家围成一圈,依次朗读自己创作的十四行诗,汤唯的描述让我想到死亡诗社里意气风发,浪漫文艺的场景。她还是那个对很多事物充满好奇和欣赏的小女孩,对伦敦的很多细节,她记忆深刻:罗马的英国陵园里,一个叫沉睡天使的墓地上,一双大翅膀的孩子趴着,手持一支玫瑰,旁边刻着一行字:妻子去世一年后,丈夫跟着去世,2年前,一个6岁的小男孩去世。她记住了这个透着美感的淡淡悲伤的故事。

和很多演员在闲时充满惶恐不同,汤唯却独独惧怕太忙碌。她喜欢在忙碌的工作后留一段时光,可以沉淀自己。大概也只有如此心境的女孩子才能在令人抓狂的被封杀时期,在伦敦生活得如此充实、有滋有味。利用自己羽毛球二级运动员的特长赚取生活费,在英文环境里快速地练就一口流利的伦敦腔。其间,导演李安不希望汤唯成为自己电影的牺牲品,于是托付友人。安乐公司的老总江志强没有辜负这番良善用心,让尘封两年的汤唯拍摄了《月满轩尼诗》这部温情的香港文艺片。旗袍裹身,风情神秘的汤唯,顿时又成了素净纯真、执着平凡的邻家女孩爱莲。而汤唯本身素雅,眼神干净又有故事的感觉,完全和文艺片找到了共鸣。

2011年凭借《晚秋》正式回到大众视野中的汤唯操着一口纯正伦敦腔,粤语也不知何时,炉火纯青得令人咋舌。走在颁奖礼上的她高贵美丽、精气神极佳,风波低潮过后,她的微笑似乎更加坚定了。她比我们预料得更强大,活得更好。彼时的她,已经通过香港政府的"优秀人才入境计划"获取香港居民身份证,这似乎为她事业的破冰扫除了后顾之忧。

《晚秋》里获得三天假期的寂寞女囚安娜和情场骗子勋,在西雅图的秋末,拥有了一场为期三天、抵死绝望的真挚爱情。如果说《色戒》和《月满轩尼诗》只是让我见识到一个优秀演员的潜力,安娜却让我不由自主地被她吸引。我心目中2011年最浪漫的文艺片,展现了汤唯浓郁的文艺女王魅力。韩国人率先读懂了她的美,包括韩国百想艺术大赏在内的韩国11项电影节大奖,全部花落汤唯,一时间她风光无二。

沉淀了两年的汤唯,眼光更加精准了。从众多剧本里挑选了《月满轩尼诗》复出开始,汤唯对自己心之所向越发明确。多年过去,她依然是那个坚决考中戏,考不过再考的执着女孩。在商业大片唾手可得的利润面前,她还是选择自己喜欢的剧本,不得不说她眼光长远,很智慧。《北京遇上西雅图》的4.7亿票房,让给她填上小众、文艺标签的人又一次大跌眼镜。而自降身价,几乎零片酬接《黄金时代》,演萧红,也只有抱着梦想演电影的演员才能如此为之了。

为爱执着的苦命女子，拜金刁钻但内心向善的二奶，饱受饥饿贫苦的多情作家，贤良安逸的农妇……我们在对角色爱恨深切的时候，无一例外喜欢上了电影外这个历经世事，却好像一身轻松的女子。奇迹般从绝境中走出来的汤唯，随着时间推移越发优雅迷人，清新而有内涵，收获了更多人的喜爱。她似乎没有忘记给内心那座丰饶的堡垒添砖加瓦。演戏空闲，她安安静静地画一幅鞋子画，再次收获绘画给她带来的久违的平静。因为从小有掌握一门乐器的梦想，她又买了一把吉他，开始学习。

有人说你是什么人，就会吸引什么人。文艺标兵汤唯的爱情清单上，也都是才子佳人的故事。初恋是高三时遇到的也想考中戏的同学，朱雨辰。细雨蒙蒙的季节，两个不懂事的孩子谈了一场美好的爱情，后来这个初恋男友这样回忆那段和汤唯年轻的爱情。后面的男主角，似乎都有浓浓文艺气质，但故事的开始和结束只会封存在她谜样的眼睛里了。直到《晚秋》，一个在韩国并不大热的导演对文艺片的执着追求，似乎和汤唯的喜好不谋而合。成为朋友的他们，在 2013 年重逢拍广告。爱的火焰就这样燃烧了。

2014 年 7 月 2 日，汤唯、金泰勇领证，7 月 13 日，他们在梦幻的瑞士农庄举行了简单而浪漫的婚礼，一同参加婚礼的是一个认识才一天的人,作为对这场婚礼的见证人。如此简单的仪式和女星排场极大,风光热闹的喜宴截然不同。简单的温馨,大概也只有这样特立独行的汤唯才会如此。他们的结婚声明写得异常诗意:因为电影,我们相知相识,然后又从朋友成为恋人,缘分来临时,绝不错过。猴年开春,他们第一时间宣告了猴宝宝的即将诞生。

李安导演曾忧虑地说:"汤唯能不能嫁得出去,看她的福分。"然而如今优雅、丰富的汤唯似乎很轻松迎来了她的好好先生和幸福家庭。提到老公,她夸他儒雅,在韩国的大学里兼任教授。到西班牙宣传电影,她也不忘想着要给老公买什么礼物。"我和我老公的爱情就是命中注定之一。"她不无甜蜜地说。

汤唯的起步并不早,在成名趁早的年代,她28岁才遇到第一个机遇。一夕成名却又瞬间坠入深谷。如果她就此销声匿迹,似乎也不奇怪,可是她回来了,闪耀着光芒。2015年,她和廖凡的电影《命中注定》里有这样一句话:"毋庸置疑,好的事情总会到来,当它来晚的时候,不能说不失为一种惊喜。"这似乎是汤唯的心里话。

灵性思感

时间可以剥夺你的容颜，你的身材，甚至你的健康，却永远无法夺走你的内在。家庭的影响，骨子里的追求，成长经历的熏陶，令汤唯在内心构建出一座城堡，那里风调雨顺，诗情画意，富饶又坚固。于是当她面对巨大的挫折，也可以有一个丰富而强大的内心世界来支撑。

她知道自己要什么，她很坚强。她对世界充满了好奇，善于感知世界和自然的美好。我想这才是她绝处逢春的原因。她说："相比外在的世界，我更在意精神世界的追求。"她经历了挫折，却没有变成一蹶不振的祥林嫂，她重新获得名与利，也没有趾高气昂，迷失心的方向。也许比起追名逐利，一个丰富祥和的内心世界，是我们更应该首先追求的。它帮助我们抵抗压力、平淡对待突如其来的困境和成功，在清醒里看清自己的方向。

罗曼·罗兰说："真正的英雄是那些看清了生活的真相，依然热爱生活的人。"我想汤唯也许会赞同这句话。

章子怡

声名鹊起,情爱何依

在杂志上见到这张脸的时候很早,因为她成名时也才19岁。记得是少年宫推出的杂志的封面,写着《章子怡——从少年宫走出的女孩》。8岁时还在广义街小学念书的章子怡因为体质羸弱,被妈妈送去体校学习体操,阴差阳错,这一年体操班不招生。体校老师却独具慧眼,推荐她去少年宫练习舞蹈。

杂志封面上的她还是少女的模样,一根乌黑光泽的马尾下,是一张非常清秀纯净的脸。眼睛亮亮的,还没有闪出后来的锐利。笑靥如花,大概不过如此吧。少年宫的舞蹈经历改变了那个曾经一心只希望家人带着她去公园玩耍的小女孩。三年后,她考上千里挑一的北京舞蹈学院附中。六年的民间舞专业学习,让这个本该在父母怀抱里享受童年与少年的女孩迅速地独立。

无论寒冬酷暑，不足五点便要起床去操场锻炼的艰辛，晚上十一点后才能入睡的军事化教学，为她铺垫了日后为人称道的吃苦耐劳能力。13岁的一天，她悄悄地逃学了，学校报警寻找，急得团团转时，她却静静地躲在学校的操场上，看着夜晚湛蓝的天，闪亮的星星，长叹一口气。背后被捅刀，她其实早已在小江湖里有所体会。

年少入世，是福是祸呢？初识人间的凶险，也是不得不和纯真的世界撕裂的过程，但是如今反观她的一路，早早认清残酷似乎对于日后游走在暗潮涌动，祸福未明的娱乐圈，也不失为一件幸事。但此时的她当然还对未来很懵懂，相比于很多出自于舞蹈世家的同学，她不知所谓地进入舞蹈学院，通过接拍护肤品等广告赚钱，获得经济上的独立。随着学识和经历的积累，眼界和心智也不知不觉打开，尽管在1994年在被誉为"中国舞蹈界的奥斯卡"的全国"桃李杯"舞蹈比赛上获得表演奖，她还是渐渐地忧心起看不清的未来。她深知自己的条件在舞蹈行业无法成为翘楚，一条全新的路在她脑中展开。

1996年，她考入了后来成为传奇的中央戏剧学院表演班。然而进入大学第一年的她，却几乎丧失了信心。三位同学因为专业课成绩不合格而退学，紧迫的学业，同班同学刘烨压力大到痛哭，她在岌岌可危中勤奋苦学。心中默念着"笨鸟先飞总没有错"的她安然地念到了大二,遇到了生命的第一个伯乐。她的所有幸运也源于这番际遇。

后来,她一直感恩在19岁最美好的年华,相逢了招娣这个清纯阳光的乡村少女。招娣裹着臃肿的红棉袄奔跑着,穿过金色麦田,系着红绳子的小辫儿甩来甩去,美好无比。彼时的张艺谋导演,凭借《红高粱》《秋菊打官司》蜚声国际,几乎是当时国内最有影响力的一流导演。于是章子怡这个名字也跟着这部电影、这位导演而一夜成名。此时她还是中戏大二的学生。

清纯女星总能讨得观众欢心的年代,她原本也大可凭借乖巧的脸庞继续玉女的路线。可是当她穿着肚兜穿梭在国际舞台,第一次在媒体和观众里出现了微词。当然,更显露无遗的是她眼里的张扬和对世界的雄心。一直觉得野心勃勃对于一个明星来说似乎是职业道德,因此她才会勤恳拍戏,因此她才懂得如何耀眼人前。她的幸运往往远不及她的敢拼。

第二部电影是李安导演的《卧虎藏龙》。这次的经历令她至今难以忘怀,那时她虽小有名气,但也不过《我的父亲母亲》一部作品而已。原本属意舒淇的导演,由于演员档期问题,只能陷入茫茫的寻角过程。第一次照片上见到这个女孩,竟然清淡到几乎无从记起,由于张艺谋的推荐,他面试了章子怡,并不说不好,也给了她机会。只是在她和武士学习时,依然不断有女孩来面试玉娇龙的角色。她压力大,毫无底气,毕竟已有一位进组的女演员因为吃不了玉娇龙的苦而选择离开。

导演不认可的传闻不绝于耳。杨紫琼演完会得到肯定的拥抱,她的戏导演却在一根根地抽烟。她依然记得当初的细节,敏感如她,痛苦到日日以泪洗面,但她坚决不走,发了疯似的找武士提前训练,指甲被削断了插在雪里冰一会儿继续。她为玉娇龙受尽了身心的折磨,她说她只为了不让导演后悔。不服输的好强个性支撑着她演完了玉娇龙。如果用她的宫二去衡量当日的玉娇龙,自然欠火候。但彼时,才刚刚大三的她,几乎用意志力演完了玉娇龙这个生命中第二个角色,也因为这部成为首部奥斯卡最佳外语片的华语电影,她一步跃上了更高的平台。

虽然《尖峰时刻2》的打戏不如她和成龙一时出位的绯闻,但她很快证明,不只有绯闻也有作品,《英雄》里和梁朝伟、李连杰、张曼玉飙戏也不输的倔强又决绝的如月,《十面埋伏》里冷艳动情的小妹,《2046》里外冷内热,脆弱又落寞的白玲。短短几年间,她在电影世界里硕果累累,但不可否认,早期的她,现在看来总有自己的影子,透着倔强不屈,力争上游的用力。李安说,汤唯的脸是需要找角度的,但章子怡一看就很适合镜头,可以百变。也许这是传说中的老天爷赏饭吃。无疑,她的高起点也为她赢得了更多名导的青睐,但她演《十面埋伏》薄衫附体,躺在冰天雪地里一动不动，腿被威压拉一个小时导致神经受伤的经历却很少有人问津。《茉莉花开》只是她电影中极少数的文艺片，我却更偏爱。三代女性，不同秉性不同人生。茉的风情与对世界对灯光的渴望，莉的神经质与敏感，花的体贴温柔与坚强，她都能把握到位，令人疼惜。

2005年，一部《艺伎回忆录》再次令她盛名远播，纯真又诱惑的小百合经历爱情的喜与遭遇挫折的怜都被她深深演绎了出来。《夜宴》里以欲望灼噬人间的婉后，《梅兰芳》里傲骨怡然的孟小冬，她一路品质与数量并举的电影人生在2009年进入高潮。《非常完美》里，她首度担当监制，这部电影里的苏菲实在招人喜欢。此时，我不得不说她的演技很专业。很多演员，往往由玉女出发，一路循着追求自我突破的路开始尝试风情万种或落魄乖张的角色，最终却再也无法饰演纯真。可是章子怡用苏菲打破了这个魔咒，她的眼神仍然灵动清澈，笑容依然富有感染力，对着银幕那一刻，她不是章子怡，她就是苏菲。

这一年她风头正劲，全面开花，却不曾想在2010年遭遇人生的至冰点。泼墨门，诈捐门，她身陷舆论，指责、批判、谩骂，一时令她形象岌岌可危。风口浪尖里，她躲进了北京的一个郊区农村，在顾长卫的电影《最爱》里经历琴琴的痛苦与挣扎，幸福与悲伤。似乎再没有任何时期的章子怡，像那时一样能体会琴琴的绝望。宣传期，她数度泪红眼眶，她人生的是是非非太多，但聪明如她并不会以高调的方式开撕或者坦露。都说她初入演艺圈便透着一脸的狠劲，但她真的做到了从一个小演员到巨星的蜕变：有作品，有新闻，有热度，有是非，有神秘。那一年，我替她捏把汗，她很坚强不会倒下，但她还站得起来吗？

低谷之时，她把三年时间献给了一部电影《一代宗师》，34岁的她和专业武士师傅学功夫，进行高强度的压腿训练，此时演了25年戏的她，已经遍体鳞伤。导演是出了名的天马行空的王家卫，电影也和他一贯的拍摄时间一样，远远超过协议，长达几年。这个曾经没有被名导认可的女孩，终于令识人很准的王家卫说出了"声色艺俱全，比肩林青霞"的盛赞。素净又倔强的宫二征服了很多人，也令她完成了电影人生的大满贯。

始终在人间最耀眼处的章子怡，在感情上也一如事业心一样高调勇敢。和霍启山的激吻，和艾维·尼沃的沙滩激情，和撒贝宁节目里的无限调侃，她的感情似乎也无法低调。与热恋时的甜蜜相比，媒体更喜欢捕捉他们分手的原因，是豪门不待见演员媳妇，还是婚前约定太过精明，是父母不同意还是都不过是感情的嬉戏。这些无法坐实的缘由，不过是好事者的推断，她不解释也不流露悲喜，让每一段感情都在含糊里悄然落幕。这也是她的聪明。

与汪峰的爱情，曾一时间令人大跌眼镜。曾有过两段婚史，有两个同父异母的女儿，汪峰曾在采访时自嘲，女儿一定不能找自己这样的老公。一直在稳妥多金的男人中寻找爱情的章子怡竟然和他爱上了。是赌场无意中替未来的公婆解围，还是麻将中产生"革命情谊"，这一次她依然不道明，他们的一举一动、点点滴滴，都被各种哈哈镜，反射在众人面前。她只是淡淡说："冷暖自知。" 2015 年 12 月 27 日，她在美国生下了和汪峰的爱情结晶，生子之后的首条微博引发了汪峰前妻的不满与攻击，这次汪峰站在她和女儿的前头。这个瘦弱的女子第一次有了保护她的人。

她经历的起伏与爱情，几乎是任何一个平凡女子一生也不会经历的。你很难单一地评判她，说她是一个美丽的女子、一个野心的斗士、一个爱情的赌徒，一个戴着面具的普通人似乎都不甚准确，因为她早已丰富如画，难以一语代替。但无论如何，她都对自己，绝对忠诚。

灵性思感

在我们传统印象里，一个野心勃勃的人多半是不讨人喜欢的，尤其是一个有野心的女人。这几乎是病态的想法，似乎这样的人总会被臆想：可以为了成就不择手段，不惜牺牲很多原则与底线，几乎是可怕的。但当我们换一个雄心勃勃的眼光来看章子怡，会发现，在这个吃苦的圈子里，她比谁都拼。中戏表演系的老师郝戎对后来的学生说："很多人连章子怡一半的努力都做不到。你们要带着畏惧感去学习，所有的成绩都是干出来的。"

其实主宰她的力量并非是争先，很多是恐后，在校期间不能成为最后一名被退学，在剧组里担心因为自己表现不佳，而拖集体的后腿。很长时间，她抱着如此这般的深深恐惧拼了命地往前走。无论她的是非与爱情有多纠缠，她对电影永远不顾一切，保持着炽热与忠诚。

于是，她有很多回报，不断受到认可。张艺谋曾对他选拔出的众多谋女郎里，说董洁安静平和，与世无争的性格并不适合混迹娱乐圈。那我想，章子怡应该算娱乐圈非常称职的一员。至少她抱有那份对电影的野心。这实在是一个明星的优点。

孙俪
她让爱与岁月和解

曾经错过一段感情,因为对方父母极力的反对,原因是在他们眼中,单亲家庭的小孩会有不太积极的心理和蒙着阴影的性格,这会影响到婚姻的稳定。尽管此情可待已成追忆,但是想想单亲家庭重灾区的娱乐圈,明星们在大浪淘沙的竞争里,在不得不被媒体扭曲的那些情海沉浮中,也给人间迷茫在爱情里的人很多醒悟和希望。

她有一张非常讨人喜欢的脸:清纯干净,俏皮撒娇也都是邻家女孩式的。第一部戏便大红大紫,《玉观音》里沉静又饱含故事的安心,不食人间烟火又难逃人间的爱恨情仇。她不施粉黛,当杨瑞惊觉安心竟然是个有婚史有孩子的女人时,我也被吓了一跳。19岁的年纪,一副出水芙蓉的模样,即使她演绎的女警有不伦的恋情，没有恪守人妻和警察的底线，但依然不影响观众为她的眼泪而伤心，为她的悲剧而揪心。

尤记得当年她和何润东一起为电视剧宣传时，被问到爱情观。长她七岁的何润东满心向往和憧憬，阳光性格一览无余。她却眨巴着一双传神的大眼睛，说自己并不向往婚姻，也没有美好的幻想。当即觉得，这是个有故事的女孩子。

因她的容貌气质，她在电视剧里的角色总是受到爱情的眷顾。《幸福像花儿一样》里被白杨热烈追求的杜鹃，《血色浪漫》里被张海洋执着苦等的周晓白，《一米阳光》里被金正武纯纯爱着的伊川夏，《屋顶上的绿宝石》里被周念中暗恋多年的莫佳琦，《新上海滩》里集万千宠爱于一生的冯程程。

都说少女情怀总是诗，而花样年华的孙俪似乎并不是那个怀着灰姑娘幻想的姑娘。偶然提及的家庭，终于让她不同寻常的爱情观找到了凄楚的由来。

出生在上海棚户区的孙俪，从小家境并不好。12岁那年父母离异。父亲留下2000元钱离开母女俩。母亲在一家商场做售货员，收入微薄，母女生活举步维艰。艰苦的环境下，母亲仍然不放弃供孙俪在少年宫学习舞蹈。为此不惜下班后又打了一份保洁的工。一次意外，母亲被烫伤了胳膊，仍然坚持忍痛送孙俪练舞。每次女儿练舞后精疲力竭地回家，弄堂太过幽暗令人生怯，这个伟大的母亲总会背着女儿穿过黑暗,互相依靠着走回家。有一回,孙俪在母亲压弯的背上,感觉脚竟然触着了地,惊觉自己已经长大。本就性格内向的她早熟地暗暗发誓:她已经长大了,要早早撑起这个家。她一辈子也不要结婚,就要陪着妈妈。

父亲之后再婚,妈妈免不了心生怨意。母女相依为命的困顿生活和父母分离的家庭,让儿时的她痛恨不负责任的父亲,怨恨继母。在本该无忧无虑快乐的年纪多了一丝忧郁。她几乎不在弄堂里和小朋友们嬉戏,也对爱情与婚姻失去了本该有的美好期望,她只能发奋地练习舞蹈,希望早有出头日,能带着母亲过上好日子。

1997年,15岁的孙俪考入了上海警备区战士业余文艺演出队。每天高强度的训练演出,赶猪种菜锄地磨练了这个来自城市的姑娘。少小离家的孤独、家庭的状况都增添了心上的重负,也不知她泪湿了几条枕巾。3年文艺兵期间,她因为领舞获奖,立下了三等功和二等功,满心以为能为此分配一份不错的工作,结果被分配到国营酒店做一个服务员。晴天霹雳之下,她没有甘于命运。

也许单亲的孩子更容易产生使命感与责任心,因为要撑起家庭,因为要证明我并不落人后,因为我要让离开我的家人见证我的荣耀,他们比任何人都拼搏向上。而孙俪也是这样倔强又要强的女孩。她通过演出和揽一些帮人编舞的零星工作,边赚钱边寻找真正的机会。

常常演出结束已晚,她揣着几百或是上万的工资搭连夜的大巴赶回上海。强烈的困意也抵挡不了她对兜里钱财的紧张,不惜忍痛打一次车,只为把自己的血汗钱第一时间送达到妈妈手里。这更像是一种承诺:"从今以后我将撑起这个家庭。"2001年初,孙俪参加新加坡新传媒8频道举行的"才华横溢出新秀"大赛,因为多才多艺、样貌出众,获得亚军及智慧大奖,并获得评委刘德华的点名认可。这像是在她脚下再垫上一块砖,让她更近地触碰到美好的未来。

随后,她签约海润演艺经纪,在层层考核后得以出演让她红遍全国的角色——安心。一炮而红后,她立刻让妈妈辞职,她的事业起航了,为之操劳的妈妈也可以好好安享晚年了。片约不断,角色都相当抢眼且受欢迎,但这个正处在人生得意时的姑娘,却始终紧闭着爱情的心门。"《幸福像花儿一样》拍摄时期,和她对戏的邓超几次三番约她吃饭,都被冷冷拒绝。"很久以后同剧组的演员爆料。

邓超是个截然不同的人。相比于孙俪压抑悲伤、埋头奋进的乖乖女式的成长,邓超简直桀骜不驯,嚣张跋扈。从小受万千宠爱却又纰漏不断,初中起便戴耳环、染黄毛、留长发,逃学打架,流连舞厅跳舞做 DJ,完全是小流氓的趋势。在他要被学校退学之际,一位老师看出他的潜力,苦口婆心终于令他改邪归正。考上中戏的他,竟然一度遭到母亲劝退,只因怕他被开除。这个叛逆淘气的男孩出道后不改他的鬼马与癫狂,成了个他疯到哪,快乐就到哪儿的家伙。在没有遇见孙俪以前,他也是个强烈的不婚不孩主义者,认为这都是对自由人生的束缚。

然而那一年他们相遇了,沉静内敛的她,和奔放热情的他。猛烈的攻势,从不了解到话题越来越多,在《幸福像花儿一样》宣传时,他们悄悄相爱了。一张海南牵手照让这段刚刚萌发的感情大白于天下。她还在不知所措该怎么办,他只想在第一时间保护她。坦率如他,第一时间给恩师发讯息:田老师,我正式宣布,我和孙俪谈恋爱了。

爱情很容易改变一个人。遇人不淑,大概会变得卑微憔悴。而如果遇到一个疼惜自己的人、快乐的人,凝固在心中的阴霾便会悄悄消散。孙俪在悄悄发生改变,因为邓超喜欢吃辣,向来滴辣不沾的孙俪竟然一不留神爱上了老干妈。邓超的浪漫也在悄悄冰释她犹疑低调的心。她说,邓超就是电热毯,能够带动气氛。超级盛典上,邓超领奖,浪漫如他,向全场宣告:"感谢孙姓姑娘,因为你的支持,我才勇敢地在这个圈子走下去。"

当她渐渐开朗,那个藏在心底的心结也在生活的转角逼迫她不得不直面。演《上海滩》时,她偶然发现"深夜"她的父亲在摆摊,为继母筹钱看病。父亲和继母和他们共同生育的妹妹仍然住在棚户区,继母病重急需用钱。内心挣扎的孙俪被邓超看出了眼角的愁云。

"天下没有哪个父亲是不爱自己的女儿的,过去你爸那样做,肯定有他的难处。你如果和他这样较劲,将来后悔的一定是你。"身边的男人安慰她。父亲和继母在她北漂时偷偷汇给她8000元的事也被她知晓,一时百感交集。母亲也终于在多年后释怀了对孩子父亲的怨恨,鼓励女儿解开心结。也许挣扎过很久,和多年前怨恨被夺走幸福和家庭的少女搏斗了好一阵子,她主动援助继母,找医生帮助她治病,并出钱为父亲继母购置了140多平的房屋,帮助他们搬离棚户区。

终有一天,你将和岁月和解。这是再好不过的结局。心中的结即使藏得再深、被时光冲刷得再久,没有解开就永远是心里的结。放下怨恨,似乎也是放自己一条生路。走出这步,她花了很多年,但是从此她变得更加开朗快乐,没有阴霾,也许这多少就是爱情的能量。如果身边的是一个不够宽容,狭隘自私的伴侣,兴许不会在紧要关头给你正确的建议。

2011年6月7日,两个原本拒绝婚姻的人在上海举行了盛大的婚礼。父亲继母统统出席,场面尤其感人。彼时他们在各自事业里都顺风顺水。这个叫孙俪的姑娘再一次凭借《甄嬛传》引发了全民轰动。她有了自己的孩子，选择在巅峰时享受几年的家庭时光。学油画、学瑜伽、时不时在微博里调侃几句邓超，幸福美满的生活羡煞旁人。

这真的是从前那个孙俪吗？她变得快乐、开朗，似乎在爱情的滋润和爱人的感染下，开始频频开玩笑，选择用一个快乐的方式享受生命给予她的幸福。一个贴心的等等，和同样可爱的小花妹妹，她也享受着孩子们洋溢着幸福的笑容。即使在养活着舅舅、爸爸等一大家子，即使在风云变幻的娱乐圈回归家庭几年需要面临极大的风险，但她依然乐在其中，不骄不躁，不慌不忙地度过她的美好生活。

当居心叵测的被离婚、出轨传闻打扰这个温馨的家庭时，从前对感情缺乏安全感的她，却给了家人最欣慰的笃定。常常有人说，性格是先天的还是后天的，我想即使它一部分由先天决定，也是可以后天改造的。爱与谅解才是完美性格的调节剂。这似乎和是不是单亲家庭并没有绝对的关系。只是他们比寻常的人更早接受生活给予的磨砺与挑战。你可以选择坚强快乐，也可以悲观畏惧，一切都由你自己决定，而美好生活的钥匙一直在你手里。

灵性思感

如何才能知道你选择的是不是良人呢?那就判断他是否令你快乐,令你健康,令你更懂得关爱与分享,包容与原谅,他是否能在你脆弱时给予力量,能在你不安时给你信任。每个人都曾是土层下蠢蠢欲动的种子。有人用仇恨压抑愤怒,强迫浇灌种子壮大,种子只能开出畸形的花,参照《爆裂鼓手》里自杀的肖恩·凯西。有人用鼓励、关爱、快乐培育种子,种子便会开出明媚的花,这样的花是否在争妍斗艳的世界里艳压群芳已不重要,它永远拥有着春天。

而单亲家庭里,负责抚养孩子的一方更应深谙这个道理,即使自己承担着千般的委屈,也不要在孩子空白的心灵上随意涂鸦。你无法预计到这可能烙印他一生的印记会怎样影响他未来的生活,在他可以拥有的幸福生活上,产生多么强大的作用。你必须给孩子春天,并且你也可以重新寻找人生的春意。

刘诗诗

浓墨重彩中，淡淡的女子

2015年，我很喜欢的尔冬升导演拍了一部电影《路人甲》。演员均是真实的横漂，横店的龙套们也在电影里展现了他们的辛酸与甘苦。有人说成为明星的标准是，必须在人堆里能够一眼被人识别，无论你是靠美貌靠气质，总之足够惊艳初见者，轻易地抓住对方的眼球。

但偏偏美女如云的娱乐圈里有这样一个她，清新乖巧，安静内向。如果不是因为成功塑造了一个太过迷人的女子，她的蛰伏之路还会继续多久呢？可惜遇见就是这样神奇，而女星与那个让人铭记她一生的角色的遇见，也是需要缘分的。如果不是马尔泰·若曦，我想刘诗诗可能是一直人淡如菊的女子。《仙剑奇侠传三》里，其实已经注意到火红的雪见旁，那个穿着冰蓝色裙子的龙葵。如果说杨幂如雪见一般，是伶俐而灵气的，彼时的刘诗诗也如龙葵一般清丽脱俗，沉静清纯。她的容颜让人觉得非常舒服，没有攻击性，但在时刻为头条与出镜率明争暗斗的女星当中，这样清淡的模样，是很容易被忘却的。

直到《步步惊心》开播之初，关于她是否适合演若曦仍然被推上了话题。她倒也看得开："母亲也觉得我相貌平常，好奇为什么会找我演若曦。"她直言不讳自己是路人脸，记不住，坦率爽快里自然有着马尔泰·若曦的憨直。当你年轻且被委以重任时，无论善意或恶意，质疑是一定会有的，只是看你如何对待这份上帝的礼物。刘诗诗的戏份太重，夜以继日的拍摄并没有使她本就柔弱的身体倒下，既然给予我这份信任，我便绝不辜负。当《步步惊心》华丽收官，质疑的声音早已淹没在赞誉里。她的美好像第一次被发觉，清秀小巧的五官，安静乖巧的气质里透着俏皮。

扑面而来的赞誉里，也许《步步惊心》的小说原作者桐华说的最是有说服力："她演得真的非常好，这就是若曦，她把若曦的精神气演到了，她就是一朵皎皎木兰花。"十年寒窗无人问，一朝成名天下知。2011年的刘诗诗在突如其来的人气与名利面前，体会到了这句话。

也许这就是生活的残酷。你可以拼尽全力，但它无法佑你一定心想事成，但若你就此放弃，那希望便几乎绝迹。若你两手空空，即使真的遇见了天上的馅饼，怕是也无法品尝它的鲜美。而遇见马尔泰·若曦，刘诗诗等待了七年。但奇妙的是，等待一词对她并不合适，她一路走得不急迫，很从容。相由心生，她的脸上绝对寻不到物欲横流的影子，而蝴蝶效应似乎特别适宜娱乐圈，一个女星的性格和行事小节，很容易被媒体放大数倍。在如此的情境下，我看到的依然是一个始终如一的女孩。

有媒体想要寻找这位一夕成名的女星，成长的足迹。去到北京舞蹈学院采访她的旧日老师，老师竟也坦诚说道："她普通，和平常人没有什么两样。"从她旧日照片里，芭蕾舞少女竖起发髻，踮起脚尖，纯白的蓬蓬裙，标准的舞者姿态，一副清新少女的模样。

平江锁金是个很特别的导演，出身书香门第，也擅长写作书法绘画。这位诗意的导演，也是用诗意的眼光挑选演员的。肉眼凡胎固然入不了他的眼，俗脂艳粉也是无法中他的意的。2004年，他为自己的新剧《月影风荷》寻找女主角，跑遍了中戏北影等各种专业科班，却一无所获。来到北京舞蹈学院，偶遇了走在校园中的那个少女。简单的衬衫、牛仔裤，衬得她邻家气十足，脸是古典的，气质是忧郁的。我想她今后一定会红。导演有众里寻他千百度后的恍然。于是毫无演戏经验，一心想毕业后成为舞蹈老师的刘诗诗走进了五光十色的影视圈，从叶风荷开始，邂逅一个个与她有着不解缘分的角色。

此时她刚刚17岁，11年过去了，被问及刘诗诗的为人，胡歌说红前红后一个样。她在朋友之间，依然是小野蛮的诗爷，陈法拉去北京必约这个著名的吃货。人前的她依然淡淡的，爆红的那一年，羞红着脸走上影视新势力盛典，领取戏剧人生里第一个奖项，她对待荣誉总是一脸平静，内心暗涌。同台领奖演员一句"剧中的画面现在想来还是会感动"就让她热泪盈眶，泄了底。她是紧张的，但她也是优雅的。

她不掩饰自己的不善言辞，拙于口舌。起初的几次采访与发言，难免是尴尬冷场的。但她也在一点点地改变。如今谈起自己的事业定位和对角色的看法，她从容了许多。纷至沓来的戏约面前，她并没有像一个渴了太久的人，急于狼吞虎咽。她庆幸欢喜的是，对剧本的选择多了起来，宁缺毋滥，只找对的不找贵的，相比数量更重质量，炒作话题刷存在感，趁胜追击制造热点似乎与她无关。这是刘诗诗的风格，让人几乎羡慕她的风淡云清。

因为想演时装剧，于是出演了《天使的幸福》里乐观坚强的单亲妈妈；因为没有演过喜剧，于是出演了《不二神探》里冰清玉洁的演员刘金水；因为追求剧本的品质，在《绣春刀》里和张震、李千源、王学东飙戏……面对争议，她从不辩白，即使身处是非的中心，她也很淡然。一日，好事者借故询问她爱情里另一半的绯闻，她竟对八卦一无所知。她知道自己该做什么要做什么，唯有拍戏呈现作品而已。这似乎也给沉默寡言的赶路者提了醒，如果语言是你的短板，不如彰显你的特长，韬光养晦。暴露缺点不如精炼潜力所在。最愚笨的大概就是不懂扬长避短，随意卖弄，越来越 low。

不鸣则已一鸣惊人，往往发生在低调沉默者之间。2013 年 11 月 13 日的凌晨，吴奇隆在微博公布与刘诗诗的恋情："很珍惜这份得之不易的感情。"刘诗诗随后转发。这份端倪已露很久的感情在大方的承认里公之于世。那部带给她事业转机的作品，也给了她终生的爱人。相差 17 岁的年龄，他对她更有一种疼惜的宠爱。她养了一只可爱的雪纳瑞，刻意取名"小隆包"，惹得他也跟着好气好笑。知道她不会应对媒体，他刻意转话锋，让她多多发言得以锻炼。他的口中，她是孝顺的姑娘，不买奢侈品，在淘宝买到几十元的东西也能令她开心。事业上却很上心，积极给他推荐好的演员。

她是不是不适合娱乐圈？不拜金不爱奢侈品，对于抢头条也没多少兴趣。恰恰如此，她似乎更适合影视圈，演绎清逸不世俗的女子，沉静不浮躁的姑娘，没有人比她更合适。就连爱情，她走得也非常稳健。许多明星的爱情都如摇摇欲坠的危楼，看似光鲜伟岸，却很容易瞬间崩塌。他们的一举一动都被大批狗仔追随，绯闻疑云时不时飘来一阵，百口莫辩不如不言不语。这一次，她再一次一鸣惊人，2015年1月20日，她在微博晒出自己的结婚证。2016年3月20日，他们在巴厘岛举行浪漫婚礼。

那个曾经笼罩在婚姻阴霾里的男人说她令他幸福。似乎她还是和从前一样，喜欢爽朗的笑，沉默的时候也是欢喜的。几乎无人知道她曾因为拍戏工作量太大而突发胰腺炎，她沉寂很多年也没有因为一夕的爆红而方寸大乱。她有自己的世界，快乐与对拍戏的执着仿佛才是她真正在意的事。人淡如菊，心素如简，说的就是她这样的姑娘。

灵性思感

她的成名似乎是偶然的，内向不善自我推销的人不会成名吗？她显然给了响当当的否定答案。她的成名是必然的吗？淡雅的气质实属圈中少有，那份认真与踏实也并非人人能够为之。她说她懒散，她说她内向，但别忘记她有她的好强。

桐华说，她是木兰花。木兰花多为白色小花，气味芳香。花语是：灵魂高尚，的确与她的气质不谋而合。你可以不为世界变得俗艳，变得娇气，即使这再受欢迎，也不适合你。她说选角依然不会走太极端的路子，如果如此的选角多少透露出她对角色的喜爱，便不难看出无论是《不二神探》里的明星，《深夜前的5分钟》里的两姐妹，都有她的影子。

她可以默默无闻，也始终脚步不停，她经得起岁月的等待，也经得起名利的考验。我几乎认定，这样云淡风轻的女子必然会过得幸福，无论她是在小城里朝九晚五，还是在是非之地追爱寻梦，她有自己的堡垒与世界。

说到底，中国的大众更偏爱的是素雅、清新的女子，如她。这份吸取自然的真挚和淳朴，在浮躁的社会更难能可贵。她也许就是那样的姑娘，一见不惊艳，却越发觉得美丽。耐看，也是一种独特的气韵。

林志玲
穿上优雅这件不老的外衣

对是不是美女这件事，男女的看法从来南辕北辙。记得中学时，正值林志玲大火，课间一男生认真地说了一句："林志玲真好看，尤其声音非常好听，一听就超爽的。"旁边的女生一听，立即歇斯底里："你有没有搞错，那声音听得我鸡皮疙瘩直冒。"林志玲似乎是小S在节目里最喜欢挤对和"欺负"的女星了，甚至在金马奖上也要逼问冯小刚关于自己与林志玲孰美孰丑的问题。对于快人快语，辛辣搞怪的小S，女孩子多半是喜欢的，男孩子却不尽然。而对于娇嗔的林志玲，女生大多都不太待见，但男生几乎是清一色的欣赏与爱慕。这实在是非常有趣的现象。

起初因为和当年红透半边天的F4言承旭的绯闻，认识了林志玲。实话说第一眼对她除了笑容有亲和力之外，真的没有太惊艳的感觉。那时，她已快30，在台湾模特界已10年。似乎一个女星的黄金年代，她早就错过了，就在人们暗暗心想她也翻不出几年的浪花时，林志玲一不小心红了10年。无论是《赤壁》里的小乔，《刺陵》里的蓝婷，《富春山居图》里的丽莎，还是2015年《道士下山》里的药店老板娘，似乎都没有在演技上为她加分，但志玲姐姐却通过360度的考验，无论什么画风都能美得深入人心。

2015一档真人秀《花样姐姐》意外地瞬间为她圈粉无数。她善解人意、温柔体贴、可爱娇嗔，最关键的是无论何种境地都不丢掉的优雅，让她当之无愧成为时代女神。某天得知她的偶像是好莱坞最负盛名的女星——奥黛丽·赫本，我似乎找到了她的魅力密码。林志玲的父亲从事铝梯制品生意，在台北及东莞都有公司，母亲是台北水当当姐妹联盟理事长，现已卸任。林志玲有一个非常体贴的哥哥。从小家境优渥，父母管教甚严。妈妈在她很小的时候就教育她奥黛丽·赫本的人生哲言：一个优雅的女人是不生气的。

儿时的林志玲相当倔强，也没有少挨父母的管教，最叛逆的时候，性格内向的她不过是回家闷声不说话，是乖乖女的典范。学生时代几乎每天都能收到很多情书的林志玲从来不会上交给老师，让爱慕者被责罚，也不会不屑一顾地丢掉，践踏一颗颗充满爱的心。她常常仔细抹平，小心收藏好，仿佛珍藏好这些少年美好的青春。父亲发现后担心这些会耽误林志玲的学业，于是将其一把火烧毁了。

后来已是模特的林志玲要请假，父亲非常认真地用毛笔字书写请假条，帮她递交给志玲的老板。家庭教育构建了她的彬彬有礼，礼数周全。以至于她很多为人着想的细节都为人称赞，因为174cm的身高常常给身边人压力，即使出席大型活动，她站在刘德华身边，在春晚上站在周杰伦身边，都清一色地身穿平底鞋，非常让人舒服，这一点也和她喜欢穿平底鞋的偶像不谋而合。作为浪琴的代言人，她出席厂商聚会时，要和一个个上台的厂商握手。每次握手，她一定弯曲膝盖，蹲到和对方一样的高度，再握手鞠躬，上台的七八十人一一受到了她如此的礼待。

"真人秀"对于包装精良的明星来说，是一个挑战，也是一面镜子。于是，志玲姐姐在其中照出了对周围人的体贴。化身女汉子拎大包，杯子空了为其他人倒水煮咖啡，奚美娟呛到了连忙递纸巾，默默地帮李治廷付门票救济，递呕吐袋安慰晕船的雪姨。如果这一切真的是装，那只能说明她外在修为真的很到位。其实不止如此，她善于打理家务，收拾行李箱，几年前跟着《快乐大本营》做得一手好料理让韩国大妈怒赞："遇到这样手艺的姑娘，赶紧娶回家吧。"素质、修养在她的懂事与体贴里展露无遗，让无数人感叹原来真正的公主没有公主病。

林志玲的智慧与情商也在10年间屡次让人惊艳。她的娃娃音曾经让人觉得柔弱，但其实温柔中自有一股力量。采访到不想回答的问题，大多明星直言不讳拒绝回答，或者黑脸发脾气。而林志玲通常用嗲嗲的娃娃音，顾左右而言他，答非所问，娇憨又自然地令问者自动放弃。主持人问你有没有觉得凭借自己的美貌，可以把男人踩在脚底。她妙答："我不会啊，因为总有一天他也会这么对你。"有记者问："是不是有男生在追你。"她调皮答道："时间在追我哟。"情商之高令人佩服。

在《花样姐姐》里，说到一处古建筑，同行人记错了，多伦多大学美术史和经济学双学位的学霸林志玲姐姐尽管知道错误，但绝不嘚瑟自己的学识，侧面揭晓这个知识。非常懂得不让他人难堪，如沐春风的女子。

不知不觉，志玲姐姐已经40岁了。在常人眼里，40岁……渣，优雅的林志玲却带给全世界女人希望。只要……容。曾经，你依然可以拥有少女的肌肤，魔鬼的体态和甜……并没有伤害到面对铺面的质疑，她不禁在镜头前潸然泪下……她似乎释怀了，旁人，为什么会被批评得体无完肤。伤……也就不是我了"。于"我总不能为了证明我很真实去说脏话……即使2005年7月8是，任何时候的林志玲都那样得体不……

日,在大连拍摄广告时期意外坠马,摔断6根肋骨的林志玲在担架上面色惨白。在医院疼痛难忍时,也只是说还好。有护士为她倒茶,她一定会说,"谢谢你,你人太好"。母亲赶来看望,她才辛酸地滴下几滴眼泪来。

林志玲曾经是个内向害羞的孩子,在暑期兼职工作时一次弄□了摄像机,脸红地低着头也不敢向旁人求助。这样的羞涩似乎□时小 S 时一览无余。其实她大可回击小 S 漫无边际的否定,□修养告诉她不能如此无礼与失态,于是她往往保持笑容,□尴尬,甚至事后懊恼自己,每每遇见小 S 就投降缴械一

声□的偶像奥黛丽·赫本一样,渐渐地,她所到之处非议□是业内□的美丽优雅感染的人越来越多。1992 年,林志玲已□一星期□的模特,受邀在华冈艺校教授学生表演训练课,□三尺讲台上□堂课三小时。相比走秀演出,她甚至更喜欢在□生喜欢和男教□。她一定素颜出席,温柔且敬业,赢得了学□新人。学生毕业□观望与欣赏,因此培养了如江语晨这样的□为被学生作品感动□她给学生画眼线、修眉毛、做头发,因□止。实际上,授课的钟□流满面。这样的教学直到她坠马才停□人,但因为喜爱,所以她□只有 400 元,远低于她在演艺圈的收□放弃。

对金钱的淡泊远不及她对自己喜爱事业的追求和对真情的渴望。于是在小S追问"如果你爱的人很穷,一辈子穷时你会怎么办"的时候,她淡淡地道"只要心不穷就好",令主持人大叹自惭形秽。30岁前,林志玲并没有声名大噪,但那时的她知足常乐,甚至比今日还无忧无虑。一夕爆红令她困惑,也让她逐渐懂得既来之则安之,在每一分机遇面前非常用心,非常吃苦。

她非常清晰自己应有的定位:"演艺圈是一个公平的市场,如果你理解自己是一个商品,把自己包装好,作为一个好的资源经营,最后会被别人看到的。"

她也深知机遇与汗水是呈正比的。演《道士下山》时,她一度穿着戏服坚决站着,即使没有她的戏份,在一旁等待时也是如此。一问才知,她的衣服太薄,一坐下势必留折痕,于是她保持站姿。这份细致与得体,让我想到了《东京爱情故事》里在永尾完治面前,为了不失理坚决不吐果核的关口里美。一个淑女的优雅对于男人而言,实在深具杀伤力。

因为她的优雅与魅力,王琳大赞她的完美令自己刮目相看。阅人无数的蔡康永也常常与她深夜互发短信,甚至畅聊8小时,发誓要好好保护林志玲。也许这就是优雅的魔力。然而,她不只是可以锦衣华服,红毯耀眼的明星,也可以是洗尽铅华去大凉山分发爱心的有心人。她只需优雅,而那些指向她的流言,终有一天会被时间一一击溃。

聪慧的志玲在被问到，有的艺人是为了赚钱一直留在演艺圈，你是为了什么？她的回答实在而准确："有个形象正面，带着微笑的人，陪人们走过10年，这就够了。我不敢说我的作品一定会被大家记得，但这是我能够做到的。"时至今日，她似乎只欠缺一部代表作品和一个走心的爱人。她从来直言她对真爱的渴望，在爱情的理论上也抱定了爱一个人就要坚持的信念。可惜经过了王子公主般传说的言承旭，和眼看就要幸福的邱士楷，她的爱情仍然毫无着落。在这个问题上，她看得很现实明白："我希望老的时候我不再美丽，生病了，可以有个人陪我去医院看病，陪伴在身边。"无须浪漫，无须物质，她要的很简单，陪伴而已，听来让人心酸。

她的偶像离去多年后，依然作为人间天使被人念念不忘。她和当年的那个惊艳美国的公主一样，保持着笑容，优雅迷人，聪慧过人，我相信她的幸福和美好将会持久地温暖着人心。

灵性思感

很多女孩讨厌发嗲的女孩，这无可厚非。但如果为了证明自己不做作，很真诚，说着连篇的脏话，甚至把举止粗鲁，不尊重他人作为自己个性的显露，这似乎就是矫枉过正了。林志玲，这个会让你由路转粉的女子,给每个希望成为公主女王的女生上了一堂关于优雅的课。

气场和魄力完全和凶悍、粗暴无关。你完全可以微笑着申诉你的需求,亭亭玉立着显露你的不屈,用你的温柔言语表明你的立场。甚至不知不觉,你会发现温柔也是一种力量。在质疑批判面前,她也会伤心。但伤心过后,她并没有改变做人的准则,模仿更讨巧的处事方法,于是她没有成为下一个麻辣名模,下一个个性演员,她还是她,无可取代的林志玲。

常常有人感叹:"为什么如此美好的女人至今没有一个好归宿呢?"这似乎和爱情的狡猾有关,她不因你勤奋而给予回报,甚至也不因你美好给予恩惠。但我相信,这样美好的女子,幸福一定会到来,即使姗姗来迟,她也一定会遇见那个陪伴她老去的人。

刘若英
无人摘走栀子香

我有个很有趣的闺蜜，大多数时候她都像个孩子一样大大咧咧，"大言不惭"。只有在一个问题上瞬间就眼里满是失落，一副郁郁寡欢。

"32了，为什么还没有男朋友呢？"

"因为没有遇到一个喜欢他，他也喜欢我的人。"

有一天碰到一个同样有趣的医生，他用过来人的口吻说："这些都是不懂讲究与凑合。"小时候，我也逞强地说，"为什么人人都要结婚，我偏不！"奶奶总笑着说："傻丫头，一个人孤老多么孤独，总要找个人做个伴。"

于是，很多匆匆忙忙的婚姻更像是为了躲避孤独，而找一个人搭伙。这多么恐怖，但仿佛孤独才是人间最恐怖的事。在高处不胜寒的圈子里，却有一个女子好像越来越享受着孤独。昨天在微博上发起关掉网络三天独处行动，今天忽悠大家和她一起享受独处时光。奶茶刘若英，好像还是 20 年前那个素面朝天，有着洁净笑容的女生。

她的歌里，她的祖母最喜欢倾听《透明》：我的心最透明，每天为你抹净，让你一眼看尽一次看清。她希望她的文字，能让读者觉得正在和她面对面地聊天，其实她的歌也很像在某个迷茫的转角咖啡馆里，听着一个不知道姓名的歌手唱着自己的心事。刘若英好像总是唱着她自己，她用歌声唱出她的丰富，用戏剧演绎她的丰富，用散文写尽她生命的经历与思索。连她的访谈也极少有虚妄的言辞，她坦露出她的孤单、希望、快乐、痛苦，像一朵透明的栀子花，静静地绽放在纷呈的演艺世界里。

2004 年电视剧《粉红女郎》风靡大陆，早已在歌坛与影坛崭露头角的刘若英迎来了事业的巅峰。以找个男人、成功结婚为人生最高愿望的结婚狂被刘若英演绎得惟妙惟肖。而彼时已过而立之年，依旧单身的她，也被媒体盛传为本色出演。剧中的主题歌《一辈子孤单》像一阵风刮在大街小巷时，我却不忍听歌里深深的寂寞。

2007 年，她笔下的故事拍成了电影《生日快乐》。她在发布会上被问及感情状况，流下泪来。原来她也曾是个惧怕黑暗，恐惧孤独的人。张艾嘉在《20 30 40》拍摄时,对这个一路见证着成长的女孩说:"赶紧去恋爱吧,你的脸上完全没有年轻女孩热恋的幸福感。"她在《下楼谈恋爱》写过一个很微小的片段。她一个人住在台北山上时,跑去花市买了一盆花。朋友问为什么要买花,她说:"希望这个房间里还有另外一个活物跟我一起呼吸。"

　　一开始我也和她的朋友一样,因为她的话而难过。跟着她的歌曲文字一路走,却发现,没有为了告别孤单,去夜店寻求"温暖",没有在社交场寻找热闹,她单薄的身体实际有着倔强的情绪,她很清楚她更喜欢在一个人的空间里享受自由,从意识上,她竟是如此可敬。

　　浮世里的孤单人,有多少人因为没有约到同伴,宁愿错过等待已久的电影;有多少人急着寻找另一半的原因,不过是看着身边的朋友一个个有了伴,自己落了单;有多少人在微信里摇一摇,在附近的人寻找陌生的身影,只因为百无聊赖……在耻笑孤独的时候,也许为了躲避孤单的举动正在我们身上发生。张楚唱,孤独的人是可耻的,有时候逃避孤独才会变得可耻。

　　电影《少女小渔》拍摄时,导演张艾嘉提出,刘若英你可不可以为剧情而脱。经过挣扎后,她终于收拾行李,宁愿失去机会也不违背意愿。张艾嘉那时明白,这个傻乎乎的女孩,却是个有所为有所不为的女生。也许这也注定她不会因为寂寞孤独而走进她不喜欢的热闹里。

　　她非常擅长等待。等待一个爱人，等待静好的岁月，甚至是在暗无天日的日子里等待黎明。1995 年，签约滚石已经三年的刘若英，依然在做陈升的助理，没有出一张唱片。签约之初，也曾日日幻想自己成了风靡一代人的歌星。可惜，事实是三年后的她，仍然是和金城武，一三五二四六轮流扫厕所的小助理。明明从美国加州州立大学音乐系毕业的她，只是教人弹弹琴就可以挣到一小时 1200 元的工资，却在过着月薪 1 万元，房租已占去 8 千的捉襟见肘的日子。凭借《少女小渔》获得影后的刘若英，从亚太影展回来竟然仍是一个小助理，甚至一度沦落到颗粒无收的窘境。

　　她说音乐是她的梦，高中时候常常唱歌给同学听，被古典音乐老师斥责听靡靡之音，依然痴心不悔。每个年轻的生命大概都曾经因为某个梦而热血澎湃，即使当初抱着不撞南墙不回头的心愿，可是漫长的追求无果后，绝大多数人都会"迷途知返"，继续过籍籍无名的人生。她以三年又三年的约定让牵挂的祖父母安心，坚持再落魄也不回到那个给她温暖的家里，她不愿亲人见到她的失败，阻止她的一意孤行。

　　其实祖父母若是知道她那段艰难的岁月，未必不会为她骄傲。她一丝不苟地做着小助理，心里念着，就算真的出不了唱片，她也努力从小助理做到制作人，换条路走人生。背着显赫家族背景的大小姐，谁能委屈至此，最珍贵的是，那段和同道的朋友一起跑校园，宣传，为了唱歌而奔走的快乐时光，后来一直被她念念不忘。

她很少提及家族的显赫，她那黄埔军校一期学员，担任过国民党政府国防部高官的爷爷，只是她笔下永远只会唱黄埔校歌的老公公；传奇地嫁给校长的校花奶奶，只是她笔下永远穿着旗袍，端庄又幽默的慈祥奶奶。

家庭没有让她也成了同样永远挺直腰板不穿便装的精致女子，却赐予她灵魂深处无法夺走的信念：忠义。一日为师傅，永远是师傅。她这样说着她和陈升的关系。媒体一次次描摹他们的故事，直把师徒情意淫到百转千回，柔肠寸断。她看着他的眼神有复杂的情愫，却满满装着人间纯正的情义。

师傅陈升拉她入行，在她助理满三年时推荐她去征选《少女小渔》，告诉她不要送别人 CD，这是歌者的心血与生命。在她没有信心与把握时，告诉她 no excuse，她说只要师傅在，她便是安心的，当她独自漂泊在娱乐圈里，陈升这个给她这棵树苗播种洒水的人似乎成了她内心的依靠。纵使曲终人散，人走茶凉，她还是执意做他的小徒弟。师傅果真是好师傅，可以"狠心"地说：

"你有你的梦,我有我的事,不要再来找我。你有更大的天空。"

家里的副官佣人都是干了一辈子的。她淡淡说道。没有人注意到这件小事对她人格的影响。忠诚的品格让她情义深重。她用细腻的笔调,怀念过大陆的第一个助理小梅,她说小梅的忠诚让他们已情同亲人。只是那个她想要忠心一世的人放开了风筝的线,虽然她注定一世与他牵连,她给他的序里写,我也很恨为什么到如今还要和你连在一起。

只因他给了她那个恰如其分的名字:奶茶。有奶的香却没有奶的腻,有茶的淡却没有茶的涩,能让人喝一辈子不腻,就像她这样的女子,刘若英。

你还是当初那个奶茶吗?伍佰给她的书序里写。她说:"我是。"当初她是那个拿到亚太影展影后,高兴得像拿了第一名的孩子,她是那个为了证明自己会唱歌,拼命唱闽南语歌给伍佰听的小疯子,她是那个因为不敢上台,不想唱《我喜欢跳舞》而急得直跳脚的小姑娘。

她说的没错,她丢掉了脆弱、恐惧、惊慌,却没有丢掉她的赤子之心。起初喜欢她,是因为《似水年华》,小桥流水里简单的人间烟火,巷陌石板路里慢悠悠的快乐,竟和她这个来自海峡对岸的女孩,在气味上不谋而合。她身上干净又安静的东西,使乌镇这个与她家乡遥遥的小镇,忍不住让这个姑娘做了乌镇的代言人,"那个笑得像花一样的孩子,一个轻快跳舞的女子,还有我的赤子之心"。她在宣传片里灵动轻快的样子,让我铭记在心。

参加《康熙来了》,说到因为小S年轻时一句玩笑语不再与黄子佼联络的轶事,阅人无数的蔡康永一语中的:"因为你为人简单,才会记挂这样的小事啊。"从饭来张口衣来伸手的大小姐的青少年,到一个人漂洋过海去美国留学的岁月,从刚刚一个人住时,夜里上厕所摔倒不再哭泣,忍着痛回到屋里,到享受这份独处时光的她,到底经历了多少黑夜呢?

执着与忠义的人很少会背叛,就像道德感强的人在婚姻里会更忠贞不渝。奶茶的漫长孤独岁月,她的忠于自我,保持初心,踏实等待,令她终于克服了孤独里的不适感,甚至让她收获了更多。

她喜欢写字,她的文字非常流畅,或者更像一种对话。没有刻意的布道抑或炫耀,没有华丽的词语和故弄玄虚的故事。她在忙碌工作的间隙,写一点身边人的爱情,写一点自己对某个人的思念,写一点闺蜜找到男友后自己的复杂心情。见字如人,她细腻又善感的个性,穿过她的角色,她的歌曲,用她自己的笔娓娓道来。我也终于明白她为什么能在角色里千变万化,让我入戏,或者在歌曲里击中人的心事,催人泪下。在她拿走173个奖项,横扫影后奖项,真的在小巨蛋里放声唱歌,引发和鸣后,她又爱上了摄影、写作、作词作曲。

合作《心中有鬼》时,滕华弢纳闷奶茶这样的好姑娘为什么没有男朋友,奶茶打趣求介绍。导演也诚心诚意,找到了钟石。

于是就有了钟石初见她的感觉:一个穿着衬衫牛仔裤,拿着一个大相机东拍西拍的女孩子,我一看就喜欢了。所谓幸福,大概如此一见倾心,两情相悦也足够了。

漫长的孤独时光里,奶茶终于把一个人的日子也打理得丰富多彩。摄影、写作、唱歌、演戏,无不乐在其中。蔡康永在《给十八岁的你》里写道:"18岁时你觉得英文难,放弃英文,28岁出现一个很棒但要会英文的工作,你只好说'我不会耶'。"人生前期越嫌麻烦,越懒得学,后来就越可能错过让你动心的人和事,错过新风景。

如果没有让自己丰富多彩,奶茶是不是能在遇见钟石的时候彼此欢喜呢?如果不是,他们如今一人骑着一辆单车,在北京的胡同里穿梭,边喝啤酒边吃菜,在各自的摄影作品下互相埋汰,她倚在他的腿上,听他一口京片子念书,这样琴瑟和鸣的丰富场面就不会发生。

奶茶小时候的愿望就是做一个贤妻良母,为此还听信了算命先生的话,26岁时痴痴等待人海里那个意中人的出现。然而经年已去,她好像刚刚才迎来她的花期。

很少有人知道，她有很严重的腿疾。2003年，她在加拿大的冰天雪地里拍摄《张爱玲传》。导演说："这人不是别人，她是张爱玲，她本来就应该做一般人不做的事情！"被这句话说服的奶茶穿着高跟鞋一次次跌倒在雪地里，腿肿难耐，时间紧张无从治疗，一耽搁也就留下了病根。2006年接受手术，在肉体上狠狠痛过的她，好像在内心也寻找到一种治愈缺口的方法。

伍佰说的也没错，她不再青涩，不再因为不敢上台直跳脚，她变得毅力惊人，勇敢地做自己。她不再是为爱唱歌的奶茶，多了坚定，自信，却保留了纯真。她好像从她的所有角色身上也汲取了些许生命的能量。张幼仪的坚强，小渔的纯良，《似水流年》的向往安静，张爱玲的才情。最可贵的是，她最终获得内心的平静。

她遵守师徒诺言，独自飞翔了许久，终于一通电话告诉陈升自己的喜讯。陈升笑称很想哭，有种还他清白的感觉，也有点像父亲嫁女儿的喜悦。说着这话，他红了眼眶。到底是父爱更多一点，他忍不住替他疼爱的女儿，讽刺了让她伤心多年的负心人。

很少有这样的艺人，沉浮多年想起她，仍然是那个素面朝天，可以盘腿坐在沙发上和你说着平凡话语的女孩子。她终于实现了儿时的梦想，做了贤妻良母，有了自己的孩子，甚至比她的梦想还要完美。

灵性思感

耐得住寂寞，才能经得起考验。无论男女都如此。而只有内心丰富的人才能获得独处时的平静与安然。

一个没有自我的人，终其一生都必须依附父母与爱人。所以成长独立的第一课，是学会享受孤独。独立地思考，独立地处理问题，独立地找到生存的方法、生活的乐趣。

当你丰富如诗，等待不再漫长，它也成了你享受人生的一部分。当终于遇到那个嗅懂你芬芳的人，你也不再战战兢兢，生怕失去而寸步不离。你可以给自己安全感，也可以给别人幸福温暖。

王菲
那些少年追过的高中女生

2015年,一部取材于真实事件的电影让电影院里抽泣声一片。《滚蛋吧,肿瘤君》里,熊顿在银幕上乐观搞怪,临终前对好友艾米苛刻的老板一顿漫长的控诉让人深思。多少人为了打拼所谓的事业,在春光明媚、冬雪绵绵里对着密密麻麻的数字度过了青春,然后在加班后的凌晨入睡前,看着朋友圈里的各种悠闲玩乐,感叹要寻找一个空闲去休休假,看看远方的风景。冰雪聪明的熊顿,也是在生命将尽时才明白这个道理。

不流俗不盲从不负此生。香港中文大学校长沈祖尧在2014年毕业季,对学生发出这样的寄语。简单10个字,击中我心,但要在现世找这么一个标杆却很难。王菲却是这少数者之一。2004年谢霆锋说,她有别人身上没有的东西。若说她是一代人的偶像与传奇,怕是无人质疑。但她的魅力却不止于舞台,别人不具备的那点东西,才是每每想起她时,令我内心一动的根源。

起初只零星听闻她的歌曲,领略她夸张却不雷人的舞台造型。1998年,春晚上,她和那英一曲《相约一九九八》惊艳了内地的观众。一袭粉色旗袍裹身,不过分贴身却也衬出她瘦削挺拔的模特身板,黑色围巾随意不落俗套,淡紫色的眼影外加中国传统发式。一身清新感十足的blingbling装束衬得她灵气逼人。配以诗意优美的旋律,美得脱俗。一时间她再次引领属于她的菲式潮流。

和大多数女性发嗲卖萌,打造亲和牌迥然不同,她人前很少故意撑着一张笑脸,多数时候表情总是酷酷的,演唱会上几乎不互动,顶多道几句谢谢。媒体采访,不会打官腔打圆场,不是实诚地噎一句回去,便是几乎不答,导致刁钻的记者和阅人无数的桃子都直呼最怕采访王菲。她的解释很简单:"不喜欢做作,一做作自己首先受不了。"而对于性格不适合娱乐圈的质疑,她的应答更是不留情面:"我从来没觉得自己不适合娱乐圈。"

明明不喜欢对方,为了顾及以后相处不得不人前做戏;其实讨厌记者的无聊窥探,为了不交恶只能笑着脸打官腔;舞台上并不想上蹿下跳,但为了搏出位搞气氛不得不卖力。也许对娱乐圈种种虚伪腻烦了,也许在自己的人生里也难免有这样必须逢场作戏，委屈自己，成全别人的时刻，于是王菲的个性与特立独行恰恰释放了每个人心中真正想做的那个自己。她仿佛不止是有天籁之音的歌手，更是某种程度的灵魂偶像。

然而天后不是一日炼成的。这份名利场里难得的自我与个性，也经历了一场场的蜕变。1969年出生在北京的王菲，从小便显露出嗓音的优势与歌唱的天赋，成绩优异的她包揽了班里的文娱表演。身为煤炭文工团高音歌唱家的母亲，深知舞台上的世态炎凉，极力反对她加入各种唱歌队。于是她服从了，从此自己乐得哼哼唱唱。也许天赋异禀终究是藏不住的，加入银河少儿艺术团的她，1981年便在央视六一晚会上独唱了《大海啊，故乡》等歌曲，嘹亮的声音仿佛穿破云端的百灵鸟。高二便推出个人专辑，这张名叫《风从哪里来》的专辑处处打上了偶像邓丽君的烙印。难怪我的父亲，一位骨灰级的邓丽君粉，也说王菲是声音最像邓丽君的人。经典可以模仿却无法复制，所以如果王菲止步于此大概也无法在芸芸众生里最终脱颖而出，成就独一无二的自己。

一心希望她以考重点大学为己任的母亲极力阻止她的唱歌梦，严加管教的同时也令母女关系持续紧张。严苛的家教若不是培养出软弱缺乏主见的乖乖女，大概便要孕育出叛逆果敢的女子，王菲是后者。18岁高考结束，已被厦门大学生物系录取的王菲选择追随父亲去香港，感受一个截然不同的花花世界。她也迈出了忠于自我的第一步。

因为高挑瘦削的身材做了一段模特后，王菲通过家人关系师从戴思聪门下。这位培养出众多巨星的王牌级音乐教父领着王菲走上她所挚爱的歌手之路。然而一切并非全然顺利。那时她叫王靖雯，来自北方，不会粤语。在温柔嗲妹盛行的年代，她忽然置身于意识形态、生活习惯、爱好审美完全不同的环境里，一时茫然无措。推出的几张专辑被认为歌火人难红，关注度很一般，她也在随波逐流里迷失了自我。很多人把这位巨星真正的诞生起点算在她从纽约返港之后，她独自来到纽约学习音乐，让她冷静地走出了手足无措的迷茫期，那个内心很有主见，特立独行的自己正式复苏。年轻时教导太多，诱惑太多难免迷失，抽离喧哗，独处与思索兴许才是更能了解自己的方法。远走纽约，享受孤独或许是她找到自我的关键。返港的王菲衣着风格先锋且得体，成了歌迷乃至同行争相模仿的对象。从曲风到造型，她实现了从王靖雯到王菲的跨越。

再美好的特质，外貌、歌路、造型、谈吐……却不能因为它美好便努力改变自己去靠近。我就是我，不一样的烟火。20出头的王菲早早地领悟这个道理，于是她直率地对媒体说自己的烦恼是太红，或一言不发，全都随心所欲。她说的没错，自己做作的话,别人也会感受到不适。做自己是快乐的,这份自由和假扮不来的率性也为了她赢得了忠实的拥簇者。1996年,获奖无数的她,成为首登《时代》封面的华人女歌手,一时间她成了时代不容或缺的标杆。

她大概是第一个把北京女孩的直接、慵懒与可爱带入香港娱乐圈的人。她的傲娇事例几乎成了数不胜数的段子,在坊间流传,被多次渲染后仍然令人津津乐道。她从不回应任何新闻,也不解释任何争议,她对世事的看法智慧得令人吃惊:作为一个公众人物,如果你要站出来说话,你首先会想到的是我为什么要这么做,为什么要去解释,无非就是希望大家不要误会自己,如果我连这个都不介意的话,那还有什么可说的呢?我不介意大家误会我,因为误会本身一直存在,一个公众人物怎么可能让大家对她的了解是百分之百呢?

太在乎他人的眼光,无疑给自己的生活带来多余的负担与压力。普通人受眼光之累的不在少数,更何况活在大众关注里的明星。一位明星不考虑媒体与大众,活得真我,首先需要勇气与自信。她忠于自我的天后之路,也因为一段段惊天动地的爱情显得更加传奇。

1996年,有香港的八卦媒体追踪至北京的一条普通胡同,拍到素颜的王菲起早出门倒夜壶的场景。此时的王菲已然是香江上空红遍半边天的明星，为了感情却可以甘愿平凡到如此地步，一时令人愕然。然而她觉得这再寻常不过。就仿佛她为了这个爱人不断香港北京两地飞，只为一时的温存。她说爱北方男子的模样，细眼、单眼皮。彼时窦唯是黑豹乐队的主唱，才华与样貌并举，最不缺姑娘与激情。她的每一次爱情无不是这样死心塌地、全情投入，不惜从他的朋友入手接近他，不惜和另一个姑娘竞争一个爱人。即使不忠的传闻不绝于耳，即使终于眼见为实，仍旧愿意相信爱情，相信爱人。这场被称为阴谋的婚姻，如今看来是她年轻气盛时最执迷不悔的一场爱情。

　　1999年，这场3年的爱恨情仇穿插着闹剧，终究落幕。谁也没想到另一段震惊香江的世纪之恋即将走进她的生活。有人说谢霆锋是世纪之交最富有魅力的新星，他帅气个性，叛逆不羁，桀骜不驯。2000年6月，她拉着羞涩的他出现在铜锣湾的Stone Grill酒吧，参加为梁朝伟夺戛纳影帝举办的庆功宴。一时年龄差长达12年的姐弟恋在各大媒体版面开启了刷版模式。热恋分手，复合分手，各别天涯，为彼此写歌、永不洗去的情侣文身、分手后的失控落泪……无疑他们爱得很深，但也许他太过轻狂，令她失望。

　　2005年，她结婚了，和李亚鹏。李亚鹏因为她的醉态很可爱，所以一见钟情，他们有了孩子，一起为孩子治疗唇腭裂，眼看着走入岁月静好。2013年9月13日,一则微博"这一世,夫妻缘尽至此,我还好,你也保重"宣告了这段婚姻的结束。对于原因,莫衷一是。分手后,他们依然如朋友般互敬友好。她的所有感情里,感觉李亚鹏和她的磁场是最不搭的那一个。固然他聪明睿智,却鲜有她喜好的自由个性,处处是生意人的周全与世故。也许性格不合真的是这场看似最靠谱稳妥的感情分道扬镳的原因。

2014年8月8日,英皇经纪人霍汶希在微博发布了一段谢霆锋自弹自唱的《一生一世》,这天恰好是王菲的生日。2014年9月15日,中国第一狗仔卓伟公布了谢霆锋王菲同乘一车,足不出户缠绵公寓,做家务,看电影,频频接吻的甜蜜情景私照。14年前,热恋时,他说他已知足,他足够幸运。14年后这段曾经惊世骇俗的感情再次以跌破眼镜的方式,再续前缘。这一次他越发小心翼翼,越发三缄其口,轻狂褪去,这一次他珍藏着感情,希望同她一生一世。

毕竟他们早已不是男未婚女未嫁的年岁,一时谩骂四起,她还是一贯的不解释不申辩,因为她并不care,她为自己而活她是王菲。小王子说,只有旅途中把脸贴在玻璃上寻找的孩子才知道自己要的是什么。李亚鹏说她如高中女生一般,谢霆锋说她像个小孩子。孩子是最真实的,开心即开心,不喜欢即不喜欢,假装不了也无心讨好。她内向的个性经过传媒的渲染，制造起高冷傲娇的金钟罩让她神秘又无亲切感。然而节目里大讲冷笑话的她，面对采访各种大实话、没兴趣的态度，尤其是微博里各种拆字游戏的调侃，都让爱人口中那个天真有趣的她跳脱出众人的眼光。李健口中那个帮过自己很多却从不说的王菲也揭开她对朋友重情重义的一面。

时光逝去，她唱过很多歌，拿过很多奖，爱过几个人，但却依然还是她自己。几年前，她说婚姻给她的最大领悟是更了解自己。她对感情很投入，而且爱情对她而言非常重要，但又不是没它不行。在爱情中，她不喜欢受伤但又不怕受伤。她依然像个孩子一样，似乎更懒散了，依然对爱情勇敢，对工作无心。但爱她的人忘不了她，江湖也不会淡忘她。有人说她这一生过得真是任性，也许正是这任性让人羡慕，让人觉得美好。她唱歌了不唱了，爱了不爱了，还是有很多人爱她，谁叫她是王菲。

灵性思感

她是天后，不止因为她歌声空灵，气质超脱，不止因为她勇敢爱人，不怕受伤，更因为她始终真正践行了做自己这句话。不喜欢说话，于是面对访谈寡言少语。不喜欢做作，于是演唱会上绝不多出无谓的客套。不喜欢某人，绝不借助社交场合，攀援结识。她想唱就唱，想爱就爱，快人快语，不在乎伤害无谓的人，更不在乎失掉别人对自己的喜欢。她向往自由，也用一切行动获得自由。

她不言语，不代表她不思索。她不言之凿凿，不代表她不丰富不有趣。陌生人，她清淡如常，朋友，她却热忱重情义。

她是个幸运的人，拥有音乐上旁人无法赶超的天赋；但她也是独立而反叛的，决定的路便是放弃大学奔走他乡也要走下去。她是幸运的，恰逢网络时代来临前，香港华语音乐的鼎盛时期；但她又是特别的，若不是她的特立独行，不是她的流行嗅觉，不是她的传奇爱情，她无法作为一代人眼中的巨星。

大浪淘沙，伊人渐去。但我依然记得她飘渺的歌声，和她歌声里令人扼腕或痛快的情感。记得她在《重庆森林》里清澈的眼眸，干净的样子，也难以忘记爱情，停留在她脸上的样子。

舒淇
泥泞中蔷薇勇敢绽放

姑姑有次兴起,说到他们年轻时候的爱情。两个经由介绍人认识的男女在恋爱时也是隔着马路的。

"为什么不并肩牵手呢?"

"你怎么笃定未来一定是他,如果被邻里瞧见不会被说长道短吗?女孩子,到底是名节最重要啊。"

一个封闭的小镇里,一个女孩子沾染上不正经的桃色传闻,即使是捕风捉影大概也是会承受不少指点和侧目的。而一个曾经裸露的女人如同宋朝文了面的犯人,因为犯了重罪,仿佛注定一世被人轻视鄙夷。可笑的是裹脚布和长辫早早地被岁月淘汰,世界却依然不肯对一个女孩宽容。我很庆幸,这世上有一个她,有勇气向着这种残忍宣战,尽管每一步都踩着荆棘。

电影《一碌蔗》的结尾，阿凡又一次来到那个窗口。窗口的衣架上依然挂着少年们希冀的女式内衣。它在黄昏的轻风里轻轻摇曳，忽然一只玉臂伸出，她正巧从窗口探出收衣服。

碧海蓝天下，她头发随意盘着，眼神清澈温柔，眼底隐隐蕴藏着风情又淡然的故事。看着街巷里痴痴抬头看着自己的少年，她微微一笑。银幕外的我跟着楼下的少年一起回报浅浅一笑。

在舒淇饰演的众多角色里，这个没有名字的女子实在微不足道。可是她却是电影里小镇少年们每天必经的窗口，他们在飘摇的女式衣衫里幻想覆体的女子如何顾盼流连，形如西西里的少年，朝思暮想着风情万种的玛莲娜。这完全是舒淇给很多人留下的青春印记。

然而她的青春现在看来却是一场灾难。豆蔻年华，别人在埋头念书，她开始打架翘课。别人的书包里是复习材料，她的书包里是模特经纪公司的广告单页。和父母吵架后，一次次离家出走，最后离经叛道地被学校勒令退学。"既然也不上学了，你也去工作吧，帮助解决家庭生计。"她的家人也只能无奈地说。

修长匀称的大长腿、亭亭玉立的身形、正在蓬勃生姿的胸型、窄小的上镜脸蛋……她的形象多年后仍然为人津津乐道。于是在路上被星探递名片邀约看似也在情理之中。林青霞不也是在路上遇到了改变命运的伯乐，成就一代清纯女神吗？可是年少的舒淇，遇见的却并非黑夜里的掌灯人。

17岁，舒淇成为了平面模特，虽然一脚迈进了深不见底的社会，却还是个十足不谙世事的孩子。看着同公司的前辈新人都拍起了写真集，她面对邀约的摄影师欣然答应。"别怕，这是为艺术献身。"还不明辨是非的孩子，无法明白这种谎言的凶险。大尺度照片令她声名鹊起，少年不知愁滋味。当她在风生水起的流言里理直气壮之时，柯俊雄顺势签了她六部成人片，她曝光率大涨，一时风光无限。年少的轻狂最容易布下恶果，往往耗尽绵长的岁月才能弥补。可惜那时的她尚不能解。

"妈妈当时觉得我太坏了，怎么能那么坏？虽然我才17岁，她还是给我安排相亲，希望我结婚后安定下来收收心，我给溜掉了。"舒淇在访谈里说起少年荒唐，有时过境迁的醒觉。

17岁时交往的男友直斥她拍写真的做法是不对的，截断她和公司的联系，直闹得激烈分手。可惜当时失控的人生好像也只能朝着难收的覆水奔流而去。

1995年，香港导演王晶在一本杂志上无意间看到了一张她的照片。"第一眼就非常的清纯，但清纯里又透着艳丽，非常与众不同。"20年过去了，导演还记得初见她的惊艳。他坦言对她的认可，想要一心想挖她来香港发展，然而所有人无声。终于好心的近友提醒：所有人都在看你怎么死呢。彼时她已经演遍了各路导演电影里的小角色却没有大红,这几乎给一个艳星判了死刑。然而这个姑娘的命运不止如此,她在等待一个慧眼识珠的伯乐。

刘伟强、王晶、文隽特地前往台湾面试她。初次会面,她竟然因为前晚喝酒导致宿醉,整整迟到了大半天。这种千载难逢的机会,别人估计要梳妆打扮,腹稿十遍,她竟然也是懵懵懂懂的,素颜而来。独自来到香港的舒淇,三个月的时间学会了粤语,对于演戏的领悟力和慧根也一点点显露。王晶发现,再让她继续艳星之路,实在是太暴殄天物。

而当年不明事理的小女孩也开始一点点懂得人情事理。在街头等车,遇到敞篷车呼啸而过,车上的人拉长音地喊她:"脱——星——"。生命里好像总有这样当头棒喝的时刻,像叫醒一个沉睡的人,好叫她迷途知返。还在耿耿于怀这件事的舒淇,赴港后第一次回台湾过团圆年,恰恰碰到外婆、姑姑拉着妈妈训斥她教女无方,辱没家门。妈妈没有埋怨半句,只垂着含泪的眼,仍然对她嘘寒问暖。她在那一刻暗自决定换一种人生。

1996年,舒淇遇见了生命里第一个好角色——《色情男女》里的三级片女演员。经历和她颇有些神似:家境清贫,纯真善良。尔冬升力排万难选择了舒淇,影片描绘了不得志不放弃的导演,默默钻研的不知名摄影师,和怀抱梦想的三级片女明星。一脱成名却依然阳光面对人生,不屈不挠地向前进的梦娇也给了同病相怜的舒淇以肯定。尔冬升没有选错人，舒淇凭借这部电影，获取了香港金像奖的最佳新人和最佳女配角奖。领奖台上，她激动得涕泪横流，语无伦次地感谢着很多人。这个饱受非议的姑娘终于踏上了逆风的正途。

对于破天荒第一个拿下金像奖的三级女星，她却没有一雪前耻。提起她的名字，别人眼眉里仍然藏着微妙的不屑。于是导演张婉婷选定她做电影《玻璃之城》的女主演时，迎来的是铺天盖地的反对声。纵使她驾驭起妩媚风情，轻车熟路，但演活一个20世纪60年代香港大学高才生的聪慧、清纯和羞涩，她真的可以吗？

韵文羞涩地一遍遍按下港生的玫瑰，不好意思正眼瞧他，在女同学的打趣里红着脸催促他走。当她挣扎着用生疏的手在舞池里搂上港生的脖子，四眼对视又转而腼腆低眉的脉脉含情。看着电影的我，完全忘记了谁是搔首弄姿的脱星。满眼只有少女纯情和中年后无奈挣扎在旧情人怀里的韵文，她的眼时而充斥着爱情而热烈明媚，时而染上风霜饱含深情。舒淇的风姿，放在一个重温20世纪60年代香港大学的怀旧梦里，依然美好得恰逢其时。

其实，一开始对于舒淇我是不太喜欢的，那是她艳光四射的20世纪90年代。她两眼分得有些开，嘴唇丰厚，和柳眉杏目樱桃唇的传统美女南辕北辙。而杂志上提起她总是大肆渲染她的性感美艳，也不太迎合一个小孩喜好。可是一部电影改变了我对她的曲解。《玻璃樽》，导演成龙几乎一度因为她的早期经历拒绝她参演，舒淇开门见山地袒露了心声才获得这次机会。很久后我才知道，在海上裙裾飘逸的舒淇是在冬天完成这场夏天戏的。

　　舒淇，可以是风尘味十足的舞女，可以是纯真爽朗的少女，也可以是形神冷酷的打女。这大概注定她可以走得更远。踏上香港前，她和自己有了 5 年之约，如果在电影上无所成就就放弃。用心之人天不负，她遇见了赐予她皇冠的名导侯孝贤。如果说《千禧漫步》只是给舒淇上了一堂在长镜头里如何演戏的电影课，那么《最好的时光》就是为她开启了电影的春天。一个爬楼梯开门关灯的动作也精益求精，重复演上一个月的导演，激发了一个天赋演员的潜力。2005 年，当她在第 42 届金马颁奖典礼的讲台上感谢父母的时候，她心里悬挂了 11 年的大石头，终于轻轻地落了地。

　　她要给他们一个交代。不是没有怨言，当年堕落成一个太妹、被骗拍下写真集不能说没有他们的半点责任。可是如今念起他们，她仍是体谅和感恩。对他们来说，她一直是那个叫林立慧的小孩。她的妈妈也曾是美丽女子，十八岁爱得痴狂，就嫁了她爸，自己还是半大孩子，在涮涮锅里端盘子洗碗已是辛苦，还要照顾哭哭闹闹的小孩，于是简单地用棍棒教育，从巷头打到巷尾，不训斥已算客气，更不用提给她耐心的心理关怀和暖心的长久陪伴了。

"反正我从来都是一个人，一个人吃饭洗漱上幼儿园，一个人走半个小时的路上小学。"被问到独自赴港，舒淇淡淡说。好像她的生活从一开始就充满了孤独，因为无所依靠，只能自求生长，自作决断。父母的棍棒教育反而助长了她的叛逆。可是岁月终会助他们互相体恤。舒淇的父母不过问她的写真集，她的三级片，就像不曾过问她内心的渴望与哀伤。可她知道，他们比她承受得更多。妈妈知道女儿工作辛苦不肯要她的钱。只央求："把奖状都留在台北的家中吧，让我和阿爸炫耀一下。"到底是平凡的父母啊，要证明给别人看自己家女儿的出息，会为自家女儿的成绩骄傲无比。她也聪明，知道妈妈喜欢金饰，说是广告商送的，骗得她收下。台北一位老教授告诉她的妈妈。自己非常喜爱看舒淇演的《玻璃之城》，他觉得她的笑容特别自然，很美。她的妈妈珍藏着这些女儿的荣耀，包含只字片语。其实离开台湾去香港前，她的妈妈就告诉过她这些的。"养我这样不听话的女儿您很失望吧。""难过也有，开心也有，但从未有过失望，因为你是妈妈骄傲的种子。"

当初救她脱离泥潭的前经纪人文隽说："舒淇终于用自己的行动，把一件件脱掉的衣服又穿上了。"她的天梯越爬越高，担任了戛纳主竞赛单元的评委,一部部地审各种生涩难懂的影片,她不辜负任何一点点期望。可惜世人无情,对她拼命的努力不过轻轻颔首,转而禁不住一点考验,就又掀起一阵枪林弹雨。

赵文卓和甄子丹不和,引得微博骂战,她也是无心轻描淡写地肯定了其中一方,就有用心险恶者趁着唇枪舌剑,抖出她当年大尺度相片,恶毒的言语传遍网络,直戳得一颗已经足够要强的心阵阵滴血。人心肉生,句句钻心。一定要对一个从未伤害过任何人,还在银幕里勤勤恳恳的女子如此赶尽杀绝吗?

她一夜间删尽微博,她的温言暖语,她的心曲一夜间付诸东流。她说她要回归单纯的本原。"一失足成千古恨",她提起绵绵无绝期的伤害,在节目里含泪说着这几个字。带着《聂隐娘》在戛纳,再次因为不良媒体失实报道,她在微博被刷屏围攻,这次她关闭了未关注人评论。

出道伊始,她就决定改名字,兴许想从此自己决定人生,不希望风霜伤及赐予她名姓的家人。她一心要取琴棋书画中的字做名字,原来她也是满心希冀着自己是一个腹有诗书的才女啊。起初叫书琪,后来为了美观改为舒淇。说起儿时的梦,她说:"小时候,就想着遇到一个喜欢的人,和他住进山里,一起种菜,一起养鸡。"闲云野鹤,与世无争,男耕女织。她说:"其实我现在的想法也是这样。"

《玻璃之城》里,韵文问港生:"这朵无刺蔷薇,从礼拜三到礼拜五该谢了。"港生说:"每天在水里放一粒阿司匹林,它就会开到周六。"可惜舒淇早就积攒了很多阿司匹林,却还没等到一个送她无刺蔷薇的人。

那个曾经在片场给她温存的男子,惊艳了她的时光,却没有温暖她的岁月。"我的生命线、事业线、爱情线都刻着你的名字",从港生口中说出的情话,却打动了舒淇的心。5年还是7年?在粉丝的反对声里遮遮掩掩,给不了她光明坦荡的呵护,也给不了她从一而终的承诺。小报上说,他的父亲终究接受不了一个演过三级片的儿媳。冰冷的定论像是给她的感情下了魔咒。"演过三级片,就一辈子逃脱不了这个名称。"2005年,情断义绝,她声泪俱下地说。

后来又遇到那个在最美时光屡屡遇见的张震,镁光灯下的他们那么登对。她不避嫌地处处表示对他的欣赏。他酷酷地不予置评,尽量用言语撇清任何暧昧的关系,可是镜头里四目相对,也脉脉含情。有人轻叹:"能够接受她艳星的曾经,看来不是眼前的这个良人啊。"可怜她的愿望从头至尾都那么简单:白首一心,儿孙满堂。

电影《非诚勿扰》给她在内地带来了高人气,而痴情地笑笑尽管经历错爱疼痛,却有深情秦奋陪伴疗伤。舒淇却始终没有遇见这样的人。有人说，她爱得痛苦，情伤时暴瘦9公斤，甚至患上抑郁症。内心需要多么强大，才能承受完非议，再承受不知何时兴风作浪的流言，和一个个在爱情里远不及她勇敢与顽强的逃兵。

时光荏苒，她又重遇了1998年《美少年之恋》里的冯德伦。结识良久，在爱情里也已兜兜转转多年，甚至还曾分分合合。他们这次在一起得尤其小心翼翼。她说一个人活着已是艰难，何况两个人。

而今，性感优雅的她，在红毯上无须争妍，也能艳压群芳。她从一个"声名狼藉"的艳星，如何走到今天横扫国内外各大奖项，勤恳拍戏毫无怨言，风采依旧的影后？想想那是怎样一个个只能背水一战的黑夜啊。

1935年的春天，一片莺歌艳舞的上海，绝代风华的阮玲玉戚戚然离世。她不曾想到银幕上她传神的演绎注定流芳百世，情伤和险恶的流言已经压得她喘不过气。25岁的阮玲玉临终含恨写下了四个字：人言可畏。

如果说一场场错爱挫败了她渴望幸福的心，那么舆论的强压，恶毒的口水，和周遭冷笑的眼光，才是压死骆驼的最后那根稻草。遗恨人间的她一定不会想到，几十年后的海峡对岸将有一同病相怜的女子，她没有认输，她苦苦匍匐在人生，一次次让世人为她讶然，只为摆脱恶意的眼光。宋时的文面，如今也成了标榜着个性的刺青。她向世人勇敢地袒露她的刺青，只想世人给她尊敬。

灵性思感

　　世上从来没有绝境。泥潭里也能开出出淤泥不染的莲花，在不见天日的山洞里，她也走出了一线光明。

　　一败涂地、身陷迷途似乎都不可怕。可怕的是你无法叫醒一个装睡的人，正如和她一起走进写真集成人片的演员们，早就籍籍无名，或者声名狼藉，可她依然是那个执着追寻星辰的人。

　　谁也不想走弯路，但如果已经掉进坑里，想要放弃的时候想想她。在无数的口水板砖里，她如何强大，独立，成就等身。没有不可救药的人生，只有缺乏勇气和努力的胆小鬼。

　　不要在墙倒众人推的时候，向一个奋斗不息的女人吐露恶语。她不屈不挠的生命值得尊敬。

袁泉
做个花期长，慢慢香的女子

这样的一个女孩子，美成这样子，而她自己却完全不自知。她的不自信，腼腆，和她那秀美的面容形成的强烈对比，正是她那致命的吸引力。这是亦舒眼中的林青霞。偶有一日，看到袁泉说起学生往事，惊觉她不也是这样的女子吗？

第一次见到她，是很多年前的娃哈哈纯净水广告。和她合作的是阳光健康的王力宏，寥寥几个片段，让我记住了那张特别的脸。深邃的大眼睛，高高的鼻梁，立体感很强，怎么看都有些欧式。多年以后，得知她竟然出自那个中戏赫赫有名的明星班，和章子怡、秦海璐、刘烨是同班同学，我感到十分惊讶，这么多年，她好像还是那个可以把帆布鞋麻布裙穿得清新脱俗的文艺女孩。然而一转眼，她竟已为人母。

不太敢凝视她的眼睛，太深邃，透着神秘和忧郁。她很理性，但说起往事说起母亲说起夏雨的点滴，她还是容易动情。2009年8月28日，袁泉、夏雨结束了12年的爱情长跑，正式结为夫妻。不明真相的群众感叹金童玉女的童话，终究还是可以存在于世间，却不知任何的长跑都是需要耐力与毅力的，爱情的路上尤然。婚后他还是会被拍到和年轻女孩并肩亲昵照，婚变传闻之后，他们在她话剧结束后牵起手，就像从前的12年一样。走过北京的街头，在夜色的掩护下走回自己的生活里。2010年3月31日，她生下了女儿夏哈哈，爸爸用颤抖的手握着摄像机，记录下他们人生崭新的一刻。

坦言女儿令她对世界更宽容与包容的袁泉，眼里依旧水汪汪的，但多了很多阳光。成为母亲的她，说到自己的母亲，感激之情成了眼里涌出的泪水。这个给她最多陪伴的人，回到家一定帮她拉好被子，关上灯，安安静静陪着她的母亲，似乎也冥冥中为她选择了人生的路。11岁那年，母亲问她喜不喜欢戏剧，孩子只图好玩新鲜，一句"好啊"，母亲为她报名了中国戏曲学院附中。恰逢学校来她的家乡湖北荆州，招湖北京剧团代培的孩子，需要学7年的京剧，培训完再回到湖北。小袁泉一考即中，可是她才刚刚小学四年级，于是被破格录取成了中戏附中最年幼的孩子。

临出发前，她才有了远离家乡的不安全感。母亲含着泪将她托付给中戏附中的赵全胜老师,她独自求学北京的7年开始了。即使在人群的中央,袁泉也有种疏离人群的漂泊感。袁泉说11岁以前自己是非常活泼开朗的,可是进入中戏附中后,自己的安静内敛的一面悄悄地显露。老师记忆中的她年纪最小,却乖巧讨喜,连食堂师傅也忍不住多打几勺番茄鸡蛋给她。而实际上,因为举报同学抄袭,在人生最敏感的年少时光,她遭受到了同伴的集体排斥,陷入了庞大的孤立中。日后她难以苏醒的自信与开朗,似乎已在此时埋下了伏笔。尽管画上京剧妆容,换上行头,同学也忍不住说你好像外国人,但在强大的自卑与阴影下,她卓尔不群的美貌,竟然都没有被她自己认知。于是一只天鹅顶着丑小鸭的心里外衣,生活了多年。

也许她早早就是爱憎分明,无法勉强自己的人。一度,她被朋友规劝改去北京舞蹈学院,但彼时沉迷在戏剧里的她只想执迷不愿离开。可她虽懵懂,却不愚昧,知道未来的路必须自己选择。于是,进入戏校的第四年,她开始寻找自己的优势。在声音、形体、表演上都不错的袁泉属于班里综合素质最强的学生,她的动作往往不只是简单的复制,而是充满了对角色的体会。演出《霸王别姬》,胡琴咿呀,兵荒马乱,四面楚歌跟着"想起了当年事,好不情伤"的调子响起,13岁的她耍着剑,落下泪来。也许这就是传说里的开了窍,她内心丰富的情感与角色之间达成了默契。观摩了徐帆的话剧《阮玲玉》，李亚鹏的毕业大戏《第十二夜》后，她找到了一丝共鸣，也萌生了一线希望。

依照规定，从中央戏曲学院附中毕业后，她回到了湖北省京剧院。也许大多数人会在这不错的位置上过完一生。但外表柔弱的袁泉再一次彰显她的主见，2个月后她回到北京，住在同学家，还没有明确的目标，只知道回到这里是她心之所向。一个月后，她回到家乡复习文化课，一张更清晰的人生蓝图浮现在她眼前：考中戏！她是自卑的，中戏完自觉表现不佳，她赶紧又报考了北京电影学院，结果两所学校的录取通知书统统收到。中戏的班主任常莉非常喜欢这个姑娘，一封长信寄给她的父母，道尽她就读中戏的优势。于是1996年，她进入了中戏。

夏雨在演《阳光灿烂的日子》里，最传神的一段是透着夏雨不安分的眼睛演绎了王朔不安分的青春。他的故事却在他的回忆里自动美化了。也就是自己回忆的远比实际发生的更美，更无暇。这世上有两件事有这样的效果，一是没有得到的爱人，一是泛着潮湿记忆的过去。回忆起袁泉，她的大学同学田征忍不住感叹："一进校就很会演戏，出类拔萃，谁与她合作都会有压力，和她合作基本上等于可以进行汇报了。"而相貌可人的她，也是男生宿舍卧谈会上被讨论与喜欢的对象。

而在她个人的回忆里，却完全不是这一番万里晴空。进入中戏的第一年,她的天是灰色的,她被全方位的自卑包裹,只记得又陷入集体生活的恐慌,只记得在所有同学都有广告片约的时候,她两手空空,她只记得自己穿上减肥裤,从东棉花胡同出来,沿着交道口跑到安定门桥,对着脚下北二环的车流大喊一声,才释怀一些。但显然专业课的优异给她带来了成就感与鼓励,于是她找到了自信的方式:不断地做出成绩。

在艳羡同班的章子怡、梅婷都早早有了电影作品时,还未毕业的袁泉终于等到了自己的机会。《春天的狂想》《蓝色爱情》分别为她赢得了中国电影金鸡奖最佳女配角奖,和北京大学生电影节最佳女演员奖,几乎是旗开得胜。然而凭借《美丽的大脚》再夺金鸡后,她却找到了自己最想要的舞台。兴许是在舞台上度过的年月,让她对话剧舞台产生了很强的安全感。无法 NG 的话剧,是很多演员闻之色变的表演。但话剧的舞台对于袁泉似乎不难,甚至对于她,有着疗伤,以及对话自我的意义。

《琥珀》里小优说:清晨起来,我发现自己是一个漂亮的女孩,而在这以前,她是极端自卑的。这几乎就是袁泉的写照。演出《简·爱》,她内心深处深深烙下的不是剧中的爱情,而是书里简·爱小时候被不公平对待,她的朋友海伦说我会陪着你,这似乎又是少年时被排挤的孤独映射。不相信自己能演坏人,甚至因此拒绝了《让爱做主》小三角色的袁泉,在话剧导演的慧眼与培养下，找到了新的自信。2001年田沁鑫导演的《狂飙》里，导演让她来演浪荡淫邪的公主，王尔德笔下的莎乐美。自尊心极强的袁泉在经历了放不开、被否定、流眼泪后终于找到了突破口。

在对自我私事的保护和对曝光的抗拒上，袁泉很容易被察觉到她的不安感。她直言，对不喜欢的人很难强颜欢笑，她内心的柔软与脆弱决定了她必须竖起一道城墙，阻隔在她的爱情与高调的曝光之间，即使已然生子，她也避免在镜头里细数自己的情事，任世人在真真假假的传闻里，推测她脸上的阴云或是阳光。但在同学、老师、爱人只字片语的拼凑里，依然组成了一个温暖的爱情故事。虽然冲着喜欢的导演的戏，她在近几年很多大片里打了酱油，但在这个故事中，她是绝对的女主角。

他是中戏高一级的同系学长，入校时已是影帝加身，那部让毫无演戏经验的他一举成名的电影《阳光灿烂的日子》几乎成了中国电影史上的一部经典。他在操场上打篮球的时候，她夹着湿哒哒的头发低头静静穿过球场，柔弱纯净，他只一眼便激起了心里的涟漪。于是约她去长城看灯盏，偏偏逢上了坏天气。空无一人的长城上对视了许久，开着车穿破暴雨，终于停下等雨，听了一支曲子《今夜我有点坏》。完全是初恋的故事，没有波澜壮阔的反转，平淡却让人沉迷于每一个细节。后来一次表白一个点头，中戏的校园情侣多了这么一对。

一爱便是 12 年。中间也经历了分分合合，小三传闻。他似乎个性更直率与阳光，她的 28 岁生日，他送上祝福，直言我爱你，她潸然泪下又格外害羞。情感风云变幻的娱乐圈，中戏的同学师生也帮他们珍藏着那些幸福的点滴。拍《赵氏孤儿》时，她摔得锁骨骨折，恰逢"非典"，无人照顾。他开来一辆车，打开车门，塞得满满都是枕头，只为了她坐在里头不晃悠，会舒服。他们虽然低调，却也不避讳彼此，每次聚会离开总是拉着手，沿着窄窄的街道往远方走，在夜幕里走成一道简单又幸福的风景。

2009 年，他们去中戏拍婚纱照，没有婚纱，简单的白色衣衫，在新生开学的日子，刚刚成为婚姻新生的他们笑得很幸福。但风云不会因为这对世间恩爱的小夫妻便从此远离。还是有传闻，但她对他们感情的解读也许是一种无声的回答，这么长久的爱情，两个人堆积的青春与回忆太多，换了另一个人都无法再拥有这份默契与共鸣。

爱情就是有这番魔力，改变一个人，拯救一个人，摧毁一个人。和夏雨恋爱前的袁泉压抑而冷静地活着，要强谨慎。但陷入爱情的袁泉学会了撒娇，越来越像一个女孩儿，更快乐也更放松。他是她生命的新纪元。

激情也许会退却，但韧性永远存在，爱情已升华成血肉的凝结，尤其是女儿哈哈的出生，从前贪玩甚至不喜欢孩子的夏雨似乎一下子有了软肋，改变了行事的态度。而袁泉，这个把帆布鞋和布裙子穿得格外安静清澈的女孩又重新回到了众人的视野。

很久前，我就非常喜欢听她的一首歌《那件疯狂的小事叫爱情》。这并不是一首容易的歌，高低起伏，真假跳换，有人说她唱京剧出身，自然唱几首流行歌曲不在话下。但她是袁泉，那个较真又敏感的姑娘，她的歌里有她的激烈她的疯狂她的绝望她的挣扎她的温暖。有时候感觉她对世事看得太过通透，认为浪漫不过是瞬间，再亲近的人也会有心灵上的孤独。但她对事业的方向很明确，对爱情也很笃定：我曾拥有过绚丽的花朵，现在只希望细水长流。

灵性思感

在这个光鲜的圈子里，似乎年轻是本钱的体现。于是趁着短暂青春，希望在一季绽尽一生芬芳的女子们甚至急切地不惜制造丑闻上位，浮躁之风盛行，但她却永远轻声细语。她的爱情细水长流，而她的事业也始终保持着稳健的步伐。不因为迫切地想要蹿上位而接不喜欢的影视剧，不因为话剧小众而放弃自己心之所爱。

当你在为这样的姑娘内心着急时，却没有发现她们在韬光养晦。她们的花期很长，可能一时间你不觉得她很美，可是某个黯淡的午后,她忽然吟诵了一首诗,让你心里一动。某个无人问津的夜,她跳了一支舞,让你难以忘怀。某个疲乏枯燥的正午,她飘了一阵芬芳,于是你才发现她如此美丽,似乎有那种恒久的淡然的美。

很多人惊讶为什么袁泉曝光率不高,做主角的作品也不多,为什么始终不被遗忘。因为她就是那样的花,花期很长,越久越香。你觉得她是平静的,但她也有爆发的美丽。她神秘又感伤,执着且平淡,可是她总能令你刮目相看。有人惊艳时光,有人温暖岁月,而这样花期长的女子似乎两者兼得。

张柏芝
爱至沧桑，仍引希望

第一次见她，是 1999 年。她在 MV《星语星愿》里穿一件随意的衬衫，休闲宽松的长裤，浓密的长发用一根简单的头绳松松地挽起，没有丝毫的雕琢，然而一回头，已倾城。不夸张，那是个不缺乏美女的时代，尽管香港电影黄金时代的盛名正在褪去，但张曼玉、黎姿、李嘉欣……港式美女依然撑得起香江璀璨的世纪之夜。她只有 19 岁，脸上稚气未脱，明显的 baby fat 让八卦杂志的娱记直呼她胖了。她是由一支阳光柠檬茶的广告开始的，和她合作的是黄宗泽，如今也算当红小生的黄宗泽在娱乐圈的起点却远不如张柏芝走得迅猛。有人说她精致的巴掌脸是天生走这行的料，是老天爷赏饭吃。

有人说她利用当时男朋友朱永棠，通过朱永龙的关系进入娱乐圈，等到顺风顺手，立刻恩断义绝。直到多年后，超女选秀上出现一个和 1999 年的她形神兼似的女生，叫贡米。发型笑容，一颦一笑都那么刻意，被深八后竟然是朱永龙一手调教的"作品"，多少透着他的一点不甘心。她在很多场合感谢过周星驰，和向太闹得不可开交的星爷，娱乐圈的人缘好像差到了极点，她却一次次地感谢他，因为他递给她橄榄枝，因为经典的《喜剧之王》，她一夜成名。

星爷在采访里，提到过面试张柏芝的场景。鲁豫问张柏芝1999 年见到传说中的星爷，是不是很紧张，周星驰饯白："我很紧张。"鲁豫诧异："为什么？"周星驰说："因为靓女啊。"说这话的时候，张柏芝已有了 Lucas。一个并不擅长周旋与交际的周星驰，我相信他说这话不全是恭维眼前的这个女子，因为这话他在金像奖的领奖台也说过一次，他说《喜剧之王》得不得奖无所谓，发掘了一个张柏芝（就算是对香港电影的贡献）。这话很重，《星愿》之后，张柏芝拿到了金像奖最佳新演员奖。

世纪之交，全世界都内心不平静。《情书》里惊鸿一瞥的柏原崇被认为是 20 世纪最后一个美男，如此类推，张柏芝真可算20 世纪最后一个美女。有人说她清丽如林青霞，也有人说她是梁咏琪后的玉女掌门人。当年《蜀山传》里，张柏芝饱满的脸硬生生将章子怡比成了干瘪的好强少女。她深受张国荣的宠爱，甚至在车祸后,被赠张国荣用来护身的项链。《钟无艳》里,梅艳芳、郑秀文、张柏芝三女星争妍斗艳,彼时演技薄弱的她,却因为让人无法挪开眼睛的美貌,闪亮在世纪之交的香港影坛。

她却好像不买一切的账,不乖巧,反而巴不得挣脱玉女的头衔。直言不讳地对媒体说:14 岁开始抽烟喝酒,面试柳飘飘一角时,被考到抽烟,周星驰顾忌小女孩斯文抑或害羞,递了支笔想让她做做样子。她一下子挡过,夹支烟抽起来。江湖儿女的做派,为什么又给她水灵的容颜和清澈的眼睛?对于这点,她好像也自知,演《老鼠爱上猫》的时候自嘲:"我长了张清纯的脸。"

总觉得这样的反差和她的出身有关系。她生长在一个复杂的家庭,父亲在江湖上也是小有名气,这也惹得刚刚出道的她沾上了"黑道奸杀令"的传闻,母亲结婚离异、离异结婚,反反复复,也算江湖儿女。她从小居住的区域是香港最鱼龙混杂的地方。从小,父母不和、激烈争吵,她和弟弟极力希望他们离婚,至少可以不吵。她从小却是风纪股长,有一份管人的责任心,12 岁在冰场被一群男生围起,她也是狠狠瞪回去,直威慑得对方散开。很小的年纪,被安排到澳大利亚学习打工,18 岁回到香港,进入娱乐圈。她的青春期过得颠沛又布满裂痕。

她从不曾抱怨她的父亲母亲,为了自己的妈几次呵斥狗仔队。还记得 10 多年前的杂志上,还有她担心弟弟沾毒,丢下忙碌工作陪着弟弟的新闻。如果没有离别没有阴暗，给她温暖的亲情、完整的家庭、良好的教育，她是不是另一番样子，或者在她的心里永远有那个小小的风纪股长。在《康熙来了》直言不要男人也要孩子的她，对孩子、家人好像有格外的依恋。负面新闻缠身，香港圈子的不待见，烂片制造机的称号……如今辛苦的她是否会怀念那一年呢？

至少1999年，她的运气好到了极点。电影卖座，演技获肯定，连公鸭嗓唱出的唱片都大卖，可口可乐广告上一个阳台上的亲吻都令街边的大爷感叹："这姑娘水灵啊。"随便演一部韩国电影《白兰》还获了奖，在韩国造成了轰动，以至于张柏芝成了张东健、车太贤等一线明星最想合作的中国女星，她是全香港狗仔目光聚集的焦点。

《十二夜》里，娇嗔任性，沉迷爱情又忽然觉醒的小女孩形象无不惹得人心疼。陈奕迅当年还是英皇旗下，隐忍的不温不火的艺人，多年后他却重提说这部影片中的角色最接近他自己。"一演电影就和美到不敢正视的张柏芝对戏……"一句既出，自知不妥，赶忙圆过去。这当然是题外话，年少总轻狂，出名如此早，她大概没有意识到一切其实不容易。好像直到拍了《老夫子》遇到他，她用光了所有的运气。

谢霆锋在访谈里说过，张柏芝在演《老夫子》时说看到他心会跳。外表俊朗,性格叛逆,浪荡不羁,可以在台上随性地砸坏吉他,也可以写词谱曲。所有的一切都让她迷恋,他就是她命中注定会爱上的那个人。可惜尽管外人看来他们那么登对,可以一而再再而三地做银幕情侣,但爱情却不是只要努力就可以的东西。锋菲恋在世纪之交,震撼了娱乐圈。犹然记得当年主流平媒的头版头条整整有数月都在报道锋菲恋的细枝末节,甚至有一本书详细写了他们相爱的过程。

命数相克,第三者……一时之间她没有名分,却担负了各种骂名。直到他终于离开她的世界,被狗仔盯梢的她的世界,一时之间混乱不堪。失控痛哭录音棚,舌头打满了环,血肉模糊,示爱的文身也被改了模样,流连夜店绯闻不断。日后让她名声尽悔的艳照门被推测发生于此间,她一夜暴瘦,baby fat 不见了,爆出的青筋,越来越干瘦的身体让人心疼。《河东狮吼》上那一声长吼,《第十放映室》上说也是她本人对那些年纷扰世事的发泄。她那段时间的电影却尤其地多,《忘不了》让她成了最年轻的金像奖影后,尔冬升盛赞她远远甩开同龄演员,是个天才演员,是个不用努力就可以拿高分的学生。庆功宴上,她被友人问到会不会和谢霆锋复合,她斩钉截铁说不会。

对于感情,我们总是太自信,爱情走了伤口留下后,以为自己会从此理性冷静,足够对抗内心突然燃起的狂热火苗。一直不看好旧情重燃、破镜重圆，因为已经有了裂纹，伤口的意义就是在隐隐作痛地提醒你：不要重复犯同一个错误。人的秉性如此根深蒂固，你就这么低估？她的爱情里创口密布，可是爱情来了，她还是会飞蛾扑火，不得不说对于自己的人生，她走得太冒险了。

一年后拍《无极》，她和他的对手戏，她说字字句句就像这么多年他真的要对她说的。她久违笑容出现在眼底，连在承认恋情这件事上，她说的还是"霆锋说的就是我要说的"。在龙潭虎穴一般的娱乐圈混迹了多年的张柏芝，为什么在感情上还像个傻女孩？都说情深不寿，毫不算计，袒露对一个男人的深情，是要冒很大的风险呀。傻到因为谢霆锋有哮喘，转走了两条爱犬（狗毛会引得哮喘发作），傻到在事业巅峰结婚生子，和一直提携她的向太决裂，看她在《同一首歌》上，接受粉丝的祝福，字幕上打出："张柏芝首次公开承认和谢霆锋的恋情"，一脸幸福的样子。想说罢了，幸福就好了，别管这演艺圈瞬息万变，也别管他与另一个人的情侣文身终身不洗。

直到艳照门，她的声名跌到谷底。不想被说成为她洗白，她年轻时候也许的确堕落过，浪荡过。但当这一切公之于众，她已是一个放弃功与名，安心在家奶孩子的平凡女人。谢霆锋彼时表现得尤为君子和大度，那些说辞如今听来还冠冕堂皇。谢霆锋问鼎金像奖的时候，张柏芝泣不成声，有好事者分析当日张柏芝的微表情，得出她的笑和泪都充满悲伤的成分，两个月后的离婚大战，她当天早就有预感。

也许是最后一次在人前挽着他的手，亲吻着他的唇，为他的成绩感到骄傲激动，为即将的失去感到束手无策……纵使是影后，演技也只能如此，哎，世间最厉害的武器就是真情。

离婚大战日日翻新，本来普通人就无法洞察贵圈真相，只任凭公关团队撩起袖子拼实力。心疼的是一个爱过的心，一个母亲的心，也许她正在经历日日碾压吧。她好像越来越刻意地远离娱乐圈，带着两个儿子远走加拿大、新加坡，为了陪儿子，可以彻夜拍完戏后不停歇地陪玩。瘦弱的臂膀因为抱孩子，在《快乐大本营》，轻易地抱起了何炅。媒体传她如何求复合，以子要挟，索要重金，她好像也不在意了。只说："希望他多看看孩子。"

舆论几乎墙倒众人推地一股脑儿倾倒下来，压在她身上。她不解释，面对批评也变得温和，她远远地离开是非圈，只留下一些路人偶遇的边角新闻。影评人对这个曾经冉冉升起的希望之星，表示遗憾，其中有一句话是这样说的，"张柏芝一步步将上好的牌打烂"。孩子成了她快乐力量的源泉，以及全世界。木米，她会以更成熟淡定的心态复出吗？还是从此退隐江湖，享受平凡人的平静呢？

2012年,刚离婚的她在东方卫视演播厅看粉丝为她录制的一段视频,不禁潸然泪下。看着MV里那个曾经纯真美丽的少女,任何一个人都会感叹时间刻下的伤痕与皱纹。情到深处人孤独,爱至穷时尽沧桑。如果爱如潮水,覆水难收,那把这份爱留给自己吧。2016湖南卫视的跨年晚会上,她以冰雪女王之姿在冰面上翩翩起舞,《娜就这么说》里,她第一次说到了艰难的那些年,自己的任性。看着依然面容姣好的她眼中闪烁光芒,我希望今后的她至少能学会令自己快乐。

灵性思感

事业和爱情能够两全吗?我并不觉得这是个非此即彼的问题,可是如果一定要把答案推向极端,有可能生活也会变成悲剧。太注重事业可能会错过爱情,但因为沉溺爱情而丢弃事业,才更是可怕。

看着一个蜜桃般的少女,从光芒万丈到黯淡无光,我的内心感到一种深深的遗憾和心疼。张国荣曾视她为妹妹,在她发生事故时,送给她保命的项链。有时候想如果哥哥一直活着,会不会在她迷茫时拉她一把。尔导说,她的身边缺少说真话的真朋友。在我看来,她依然年轻,依然有重新站起来的机会,只是经历了这么多的坎坷与不顺,她真的能够明白问题的所在吗?

美丽的人才有青春，才有未来，才有爱情，才有事业，才有希望。不知何时起，颜值在部分舆论中被推到至高无上的地位。但美丽如她，在我眼中的倾城之色，却没有依照期望美好如初。或许，在我们把所有的不如意都推给美貌、家庭背景时，也掩盖了自己软弱的推诿。保持美丽很重要，拥有健康乐观的心理和阳光执着的心态更重要。

李冰冰
低着头的姑娘，有天鹅的梦想

　　读大学的时候，有一个在系里资历很深的女教授，无论是学识抑或经历都化成了她身上那股子坚韧的气质。偶然地，有天她说起自己考大学的事。

　　生不逢时，有一对大学教师父母的她，原本也应毫无例外地顺利升学，可是恰好遇到"文革"的十年浩劫。她回到城里已经是28岁的大姑娘，当很多人已然认命地工作结婚，她选择了高考。进入高校后，体育课的长跑项目，年轻的同学们轻而易举完成，她硬是扛着一把"老骨头"在跑道上坚持到了终点。

　　攀过不可能的山峰，人生会拥有截然不同的风景。对于世事都能泰然处之的这位教授如此，娱乐圈里的李冰冰也是如此。

　　因为宣传主演的电影《雪花秘扇》，李冰冰坐上美国脱口秀的沙发，用一口纯熟的英语侃侃而谈，她讲述了自己曾经说过很多遍的故事，一个关于丑小鸭变天鹅的奇迹。

1973年2月，她出生在黑龙江省哈尔滨市五常市。说起出生的地方，她说那是一个小镇。也许在这个小女孩心里，那是一个没有给予她的成长很多宽容的地方。学习成绩优异，考大学才是这个小镇所有少年们被寄予的希望。只有考大学才能走出小镇，才能有出息。小镇姑娘李冰冰却在这条独木桥式的追求里丢失了童年的快乐。

即使她能歌善舞，即使她秀美漂亮，即使她早早显露出文艺天赋，只因为文化课的不济，她在父母的心里早早被pass了。相比于妹妹李雪在功课上的出类拔萃——小学大队长，初中团支书，高中即入党的优异，成绩不佳的她一直得不到父母的肯定。甚至因为数学成绩不佳，姑妈送的一条昂贵的红裤子，妈妈也怕她穿了去学校会被训斥。忧郁内向如雾气般笼罩着这个姑娘的眉眼。

初中毕业那年，她为自己选择了师范中专，彻底斩断了父母对她寄予的考高中、大学的希望。在小镇的孩子间，成绩好似乎才能令家长骄傲，邻里艳羡。一个擅长钢琴、手风琴，能画会跳的美丽少女在这座小镇的沉重雾霾下，藏起了锋芒。她那些低着头的小镇岁月，仿佛安徒生笔下的丑小鸭，没有人知道她有可能惊艳这个世界。

中专毕业后，她没有像赵薇一样萌发当演员的梦想。她成了五常实验小学的一名音乐老师。相片里,19 岁的她如一朵初绽的牡丹,纯真秀美,美好如花。如果没有遇见那个伯乐,她可能会是一个漂亮的音乐老师,在工作岗位上勤勤恳恳地度过一生。

也许总有些暗示藏在生命的起伏里,提醒属于你的那条路在那里。因为机缘巧合,她参加了鸡西春节晚会,台下一位演员高强一眼相中了台上灿若桃花的姑娘。"你该去考上戏",也许只有业内人才慧眼识珠:眼露灵气,五官精致,这姑娘长着一张标准的上镜小脸啊。

"你应该去考上戏!"高强对 19 岁懵懂的李冰冰说。彼时,她还是个不知上戏为何物,对演员明星没有任何概念的"小土妞"。上戏就是上海戏剧学院,大学!一瞬间,她心理酸楚已久的遗憾复苏了,她要考大学,她要证明给她的小镇、她的父母看,她可以是一个大学生。

"成为一个大学生,让父母开心。"当她在脱口秀里轻描淡写她的十多年过往,这只从前自卑内向的丑小鸭早已让世界为她的光芒震惊。带着梦想上路的人,即使走在黑夜,眼里也是有光的。没有高中基础的李冰冰,在开始备考时,距离高考只有 40 天。她起早贪黑地背诵,终于迈进了大学的门槛。

经历了万人挤过独木桥的大学,对于表演系的女儿,母亲依然没有寄予什么希望:"你顶多演一个农村来的小保姆。"她的内心对于演戏也并没有很深的渴望。懵懵懂懂进入了上海戏剧学院的李冰冰，相比花枝招展的同学，显得素面朝天，还自带两团不合时宜的高原红，却不曾想正因为这份难得的淳朴，为她赢得了全班最多的代言与演戏机会。

1992年，她的父母月薪400，母亲却突发急病，手术费花去了3万。坚持让女儿读大学的家庭变得更加拮据。大学里的李冰冰甚至没有意识到自己过时的穿着在美女如云的上戏里多么格格不入。疯狂地代言、演戏、贴补家用，占据了她大学课余的全部。她坦言："那时候真的是为了挣钱。"想到年三十儿还在为家庭挣钱的女儿，铁骨铮铮，从来有泪不轻弹的父亲，在年夜饭的推杯换盏之间，忍不住跑进卫生间，为女儿心疼得流眼泪。

有段时间社会的某些角落鼓吹读书无用论，偶然听见了一个声音戳中了我：大学的意义不完全是学知识，更是学做人，塑造完整的人格，健全你的三观。看着网络上引起轰动的四年变化的姑娘，从胖子变成潜力股的少年，从默默无闻的少女成为美到耀眼的校花，我更加相信这句话，只要你想要改变，你就可以变成自己想要的模样，而环境宽松的大学给渴望改变的年轻人提供了绝佳的机会。

于是，那个从前自卑内向的小镇姑娘，终于在她擅长的世界里找到了飞翔的方法。当她游刃有余地成长，自信的笑容也一点点驱逐雾霾，绽放在她的美丽脸庞上。大学曾是她全部的梦想，可是人生永远在路上，曾经以为遥不可及的梦想也会在一瞬间成为身后的驿站。即将面临毕业的李冰冰，有了新的困惑，一个没有明星梦的表演系女生，你该何去何从？

因为打小是个金庸迷，起初她总是偏爱饰演武侠片里仗剑天涯、劫富济贫的侠女，《机灵小不懂》《少年张三丰》《八大豪侠》虽然没有令她名满天下，却也混了个眼熟。后来她在《功夫之王》里再次借白发魔女过了一把打戏瘾，连高难度的爬竿动作也抢着自己完成，甚至为了不用替身，小女孩似的讨好导演，导演看惯了拼命希望减少打戏的娇嗔女演员们，直被她逗得哭笑不得。

她似乎从不喜欢展露翅膀下的累累伤痕。甚少有人知道，不眠不休地拍电视剧，在例假时连拍7天淋雨戏的她，被冷水弄得留下了全身酸痛的后遗症。不能再淋雨的她，后来为了与她梦寐以久的名导杜琪峰拍戏，在电影《蝴蝶飞》里仍旧破例淋了雨。李冰冰也许不是圈子里最聪慧的那一个，却从来勤恳肯吃苦，她的目标和方向，终于在摸着石头过河的路上一点点清晰。

触电了几次大银幕配角的李冰冰，发觉电影远比电视剧精良，开始有意识地改变规划。从小的低姿态似乎也成了她性格上的优势，她不会是心高气傲、趾高气扬的孔雀，她不会错过任何看似微不足道的机会，这个尝过丑小鸭之苦的姑娘甘愿做起了银幕上的一个个配角。而从小身为"差生",希望不被老师家长注意,这种心理延续到了她演艺生涯的初期,她比任何人都低调,畏惧在舞台外的花边炒作为她吸引到的注意。缺乏安全感的过于自我保护心理似乎令她和这个张扬的行业格格不入。

幸运的是,当妹妹李雪赶来北京与她同进退,拿着她的照片奔赴广告商时,她才得知自己喜欢的侠女形象已经为她塑造了高冷的印象。故步自封注定走向穷途,善听良言却可以迎来转机。善于摸索、听取意见的李冰冰开始走出自我包裹的外衣,接受大银幕上不同角色的洗练。《百年好合》《老鼠爱上猫》,起初她也在电影里打了不少酱油。但是是金子便会发光,即使是配角也能绽放光彩。《独自等待》里妩媚时尚的刘蓉,《天下无贼》里艳丽狡诈的女贼小叶,《过年回家》里善良正义的女警,让她自己也讶异,除了千篇一律的侠女,她竟然也可以驾驭其他风格迥异、血肉饱满的人生。

学霸妹妹从稳定的报社辞职,与人合租在破旧的出租屋里,晚上9点以后她得一步步爬上20层楼的住所。但这些现实的困难都无法阻挡她要把姐姐推上一线女星宝座的决心。不得不说,相比李冰冰的懵懂,妹妹的定位和眼界都相当准确,为她挑选的剧本几无失手。《风声》里宾夕法尼亚大学毕业的冷静自持的李宁玉,完全就是民国女军官的范儿。《云水谣》里热烈淳朴的王金娣，《我愿意 I DO》里知性自信的唐微微。《钟馗伏魔：雪妖魔灵2》里空灵魅惑的雪妖……可以洋气妩媚，可以冷艳知性，可以土气纯粹，那个不被夸奖的小镇姑娘终于在戏剧里切换出了华丽丽的人生。就连《变形金刚4》里，冷艳睿智的女科学员也令人印象深刻。

她坦言：自己在演戏的路上也有了功利心。起初无欲无求随心所欲，她只是穿梭在武侠剧里的侠女，可是有了目标和企图心后，她的每一步都走得精准漂亮。拼命三娘终于累到一口回绝《雪花秘扇》的片约，妹妹用一条超长短信打动了她。没想到，好莱坞之门正悄悄被她撬开。她在获奖这件事上，也不是个幸运儿，四度入围金鸡奖，却统统无缘，甚至有一年有人悄悄告诉她，当年获奖的必是《天下无贼》里的小艳贼，谁想又落空，她失望得大哭，直逗得导演冯小刚说："这傻丫头不阴险，坦诚人。"

有人不屑她在领奖台上声泪俱下，却不知她走到那里费了多大的力气。听得逆耳忠言，放得下身段，珍惜每一次机会，吃得了拍戏的皮肉苦，李冰冰的成绩实在是一步一个脚印获得的。当年 27 分的高考英语成绩被拿来戏谑时，她已经成了联合国气候组织的亲善大使，在联合国气候大会上，她身着白色裙装，绾起头发，发表了一长篇字正腔圆、吐字标准的全英文讲演，让质疑的声音惭愧离席。

她承认英语基础差，于是 37 岁下定决心学好英语时，把业余时间全部奉献给了健身和自学英文。拿出的笔记本上密密麻麻，划着荧光记号，活脱脱一个勤恳求学的少年。2012 年在奥斯卡金像奖红地毯上大放异彩的她，被《纽约时报》写作《所有目光都转向李冰冰》。这只已然闪耀在世界舞台上的白天鹅，却没有忘记身为丑小鸭时的谦逊。

《雪花秘扇》《生化危机 6》《变形金刚 4》，她的英文越发令人啧啧称赞，而她还没有停止学习英文的脚步。她气质冷傲，为人却不骄傲，《风声》里也会没底气地问导演："我可以吗？"她懂得感恩，心胸宽广，1999 年订好了去香港的行程，被经纪人王京花一通电话叫去拍戏，她的一个不愿意遭到王京花一顿痛斥，她竟然被骂乐了，知道她是真心待自己，从此视她为亲人；她可以为梦想不畏艰难，在西藏拍《云水谣》，空气稀薄晕了过去，醒来后吸完氧继续拍。华表奖、百花奖……她的每一次荣誉实在是"天道酬勤"的验证。

千万不要跟丈母娘打麻将，千万别跟想法比你多的女人上床，千万别跟最好的朋友做生意。王阳在《中国合伙人》里如是说。相比诸多朋友做生意不欢而散的结局，李冰冰却人钱俱在、一片安然。大学挚友任泉快毕业时候要开店创业，向仗义的李冰冰借钱，并不宽裕的李冰冰拿出四万赞助。和黄晓明、任泉一起开火锅店，和任泉一起投资拍电影《张震说故事》。最真的朋友无需客套，李冰冰大咧咧笑说："你能少得了我吗？"

一路见证她成长的华谊执行总裁王中磊深知她拘谨内向，没事就宅在家里健身学英语，告诉她 After Party 很容易遇见男人，没想到次日就看到她罕见地端坐在 After Party 上，说是听了他的话，来等待艳遇。王中磊笑说："不过她20分钟后就走了，从此没再来。"摸爬滚打多年的影后竟然也有如此憨憨的一面。说到星光璀璨的华谊之夜，王中军说："超长红地毯对于任何一个明星都是挑战，但那100米，李冰冰走得非常自信。"

灵性思感

这世上花貌各有千秋，但无论什么品种，只有迎着风雨烈日昂着枝干的那一种才美得持久，美得健康。

当她神采奕奕，你不会想到她曾是个极其自卑内向的女孩，被压在 loser 的失败感里无法脱身。可是这世界很大，远不只是一个闭塞的小镇，优秀也不只有功课好这一个标准。

属于你的频率，需要你自己调频。如果你用尽全力仍旧挫败，无须绝望，换一个频率试试。为改变自己而拼搏，你会在成就里找到自信。越是挫败越不能停滞，走着走着天就会放晴，而你终会遇见自信的你，那会是你不朽的花期。

董洁

本是百合，误落凡尘

演员是一份职业，但明星却似乎无法将事业与生活完全割裂。人生如戏，全靠演技。似乎演好了明星角色，才能算是一个成功的演员。但世上通向罗马的路很多，不同的追求也有很多，于是你有你的牡丹大气，我有我的百合轻盈。谁不想保持赤子之心，一世清白，但人在江湖身不由己的事太多。却有这样一位女子，是演员，却似乎过着非明星的生活，似茕茕孑立于纷乱的名利场，衣袖却不沾染一丝烟火气，她便是董洁。

2000年，因为一张照片，她成了全中国最幸运的女孩。张艺谋导演筹备新戏《幸福时光》时，纯真的盲女吴颖人选空缺。于是一场面向全中国的征选活动开始了。5万名女孩寄出了自己的照片，还在解放军艺术学院念书的董洁也寄出了自己的一张生活照。一张不施粉黛的脸，秀气清丽，竖起高高的马尾，微微地笑着，这张照片后来传遍大江南北。"比章子怡还漂亮啊。"记得当时，舅母对照片上的女孩啧啧称赞。

成为谋女郎，第一部电影便出演张艺谋导演的电影，这完全和章子怡的成名之路无异啊。这两个姑娘都遇到同一位伯乐，都身形娇小，学习舞蹈出身，甚至在外形神韵上也颇有几分神似。但如今看来，他们的星途却相当迥异。董洁，似乎和多年前的她差不多，出席公众场合喜欢安安静静地坐在角落，很难与初次见面的人热情地客套，她还是那么有礼貌、不动怒，仍然和这个圈子保持着适当的距离，不远不近，像一阵清香忽远忽近地飘浮着。

如果没有那场激起千层浪的婚姻大战和劈腿疑云，她几乎是完美的，毫无黑点。在《幸福时光》之后，张艺谋评价这位饱受媒体追捧与期待的新任谋女郎，颇有深意地说："章子怡很清楚自己要什么，而董洁很温柔，很害羞，其实性格不适合在娱乐圈发展。她需要改变性格，如果不改变，她的前途是个未知数。"董洁似乎并没有什么野心，她不懒惰，也有她的追求，就像她20岁以前的人生。

出生在大连的董洁，幼时的记忆很少被提起。10岁便特招入伍，成为解放军艺术学院舞蹈系小班学员，文艺兵一当便是5

年，曾是广州军区战士歌舞团演员，升至中尉军衔。和文艺兵女星对部队生活的寂寞与辛苦感受不同。10岁便进入军营的董洁似乎乐在其中，那时的照片上，较之如今，也显得更加活泼开朗。在部队，她生活学习了十多年，日后的生活习惯和性格似乎也离不开军营的塑造。

她是班里内务最好的女兵，叠被子总是标准豆腐块。以至于成为演员后，即使是住宾馆，她也务必叠好被子，物件整齐划一地摆放在房间里，随身带着自己的床单，将生活打点得井井有条。一丝不苟地整理好自己的屋子已经成了她的习惯，这和很多年轻女孩外表光鲜，闺房杂乱完全不同。在成为演员以前，她在春晚舞台上出现过4次，1996年潘长江小品《过河》里的群舞，赵丽蓉小品《打工奇遇记》里的伴舞，最著名的要数意外取代周迅，在2000年的春晚上，站在谢霆锋的身边听他唱着《今生共相伴》的甜美新娘。16岁开始拍广告的董洁在生活独立之后，真正地实现了经济独立。早早地成了万元户的她，却似乎对金钱与名利没有更多的渴望。

部队军事化的管理令她非常守时、懂规矩，长期的集体生活似乎也令她学会在集体环境里如何替人着想，不显露自我地低调行事。于是多年后，重逢在《龙虎门》里的谢霆锋对她有很好的评价："非常守时，非常礼貌，非常低调，非常舒服，非常安静。"她虽不是交际圈里八面玲珑的花蝴蝶，却能在剧组里令合作的演员都喜欢。《幸福时光》时，因为初次演戏不知道要自带凳子的传统，剧组为她准备了相当浮夸的躺椅，她看着剧组李雪健等前辈都蹲在自己坐的马扎上，直到戏拍完，她也没有好意思坐一回自己的躺椅。在辛苦的训练里度过青少年的她，似乎对吃苦耐劳这件事也觉得稀松平常，电视剧拍摄过程的疲惫常常被演员道来，但对她来说没日没夜的拍摄进程似乎都无足轻重，不值一提。

  应该说，她也希望在演艺事业上硕果累累，像她的偶像张曼玉一样，在《清洁》这样的电影里有精彩的表演。她对事业唯一的狠，应该在她的减肥上。因为导演总是嫌弃她婴儿肥的脸在镜头里过分圆润，她硬生生饿了数日，直把母亲心疼得求她吃饭。可惜往往饿得垮了身体，乱了内分泌，结果仍旧胖。于是被导演数落，在角落落泪，当场反驳争辩不是她的个性，她是隐忍与倔强的，不善自白沟通，这似乎成了她事业的阻碍。

  她其实有过不少机会，第一个伯乐给了她很高的起点后，她遇到了华语电影的一位大师，王家卫。很少有人知道，她是王家卫当年在内地签约的唯一一个演员。他们每年都会见面，时间虽不长，但王家卫关心、肯定着她："董洁你不要着急，你的路会很长。"她曾在众星云集的《2046》里惊鸿一瞥。在《幸福时光》时因为哭戏哭不出来，被张艺谋训得扭头离开的董洁，似乎遇到了和她个性很合的导演，但这似乎并没有给董洁带来很多的成名代表作。对待得奖的企图心，她说那可遇不可求。

她的人生追求似乎更符合随遇而安，更接近与世无争。在争取机会上，娱乐圈的很多女星几乎无所不用其极，但她却是被动的，被问及为什么不主动自荐，争取角色，她说导演的心里早已对自己作品的角色有概念与人选，勉为其难地大力推荐自己是没有什么作用的。但这样的心态，平和得太不像圈内人了。一次饭局上，一位香港导演提议她现场翻个跟头，因为即将拍的戏里有个角色是会武功的，导演又听闻她有舞蹈底子。她当场拒绝，博得了同桌的徐静蕾的认可。老徐也看出她是个很有原则与主见的女子，至少不会为了名利与角色放弃自己的尊严吧。以日夜颠倒，无法着家的方式生存在娱乐圈的人，无不有一个朝九晚五，双休懒觉的梦想。但是机会面前，他们仍然前仆后继，但董洁却心口如一地贯彻着这个目标。最红的那几年，她的出片量也不如同样的女星。后来便更加规律，一年只接两三部戏。她说她无法为了工作割舍掉陪伴家人的时光，那样她是不快乐的。尽管她的追求与做法似乎和巨星之路渐行渐远，但不可否认，也许她才是参透生活真谛的那个人。毕竟每个人的目标与人生的意义不同，无法用一根尺子来衡量所有的人。她的不同，似乎还体现在她的爱情婚恋上。

一个女星在上升期结婚生子，几乎等于亲手把自己推向末路。于是不顾爱情，牺牲自我，才成全了一个个高产的女星。她们脸上的傲娇与决绝，几乎让我心颤——为了成功她们不知狠心了多少回。但还未遇见爱情的董洁，已然一副贤惠主妇的追求。她说："如果有了爱人，我一定会好好地照顾他。"她喜欢烹饪，喜欢家务，喜欢孩子，这几乎是一个贤妻良母的标配。

然后，她遇见了潘粤明。2005年，他们相逢在《红磨坊》里，因为赶夜戏无法有规律地吃饭，他悄悄上了心，对她耳语："给你带了油条。"其实只是稀松平常的关心，但细腻的女子最会被细小的温存打败。她对他从此盛赞，起初的评价听来很有趣：他很低调，不做作，健康阳光。不是多金不是风度翩翩不是体贴温柔，她的意中人只需和她一样，简简单单。

两个非常低调的人相爱了两年，探班，游迪士尼，看电影，轻描淡写地寥寥几句带过，竟然也没有被媒体大做文章。直到2008年9月26日，小腹已然微微隆起的她，与他操办了一场异常简单的婚礼。而在2008年6月6日，潘粤明便要进入叶大鹰导演的剧组，他为难地说结婚我就帮不上忙了呀。她一口允诺，没有关系我来。没有媒体没有明星，只有双方亲人和发小同学，就像最普通的情侣一样，他们结为夫妻。传出婚变的刹那，我也是惊诧的,因为他们曾经是那么相爱的人。不是高调地人前结婚秀幸福,也不是在微博里打情骂俏情意绵绵。但那些年,谁都看得出,他们很甜蜜。他说起她,一脸宠溺,引以为豪。任何时候也都会护住娇小的她,挡住风雨。他说他们在一起天天都是情人节,他看着她在灯下上网的背影都很满足。

戴军曾预言:"董洁不会在娱乐圈待多久。大概因为她并不留恋,不留恋灯光与掌声,鲜花与欢呼。"演员始终是她的职业,不是人生,她不希望私生活曝光在工作中,所以微博也谨慎地少少更了几条。每天刷上三四十条的微博对她来说几乎无意义。于是,2009年2月生下儿子顶顶后,她真的过了一年相夫教子的生活,不接戏,不理娱乐圈,不刷微博求存在感,她只想拥有平平淡淡的幸福。她也不抱怨聚少离多,说一起看大海,来到四季如春的地方也是幸福的。她说,想到的最幸福的画面是,她和他带着顶顶,走在一条铺着碎石子的小路上。

2011年,她希望十年、二十年以后的自己家庭稳定,时不时演一部戏。相比五光十色的娱乐圈,一个温暖的爱人,一个完整的家更让她眷恋。2009年2月,潘粤明拍戏时遭遇严重事故,她把顶顶暂时托付给父母,丢下一切,不解衣带地照顾。即使是拍完那部据说是结识小三的作品《你是我兄弟》后,宣传时,她仍然喜欢谈到他。采访者是以制造话题见长的刘同,他说道潘粤明送她的东西实在不多，找不到可以放在百宝箱里的纪念物，她仍然极力维护。发现是一束花，一张他的祝福卡片，她也感动落泪，这不过是他们相识后，她第二次收他的花。

就在众人感叹娱乐圈终究有情比金坚的爱情时，他们却以令人跌破眼镜的方式宣告了感情的破裂。一时间，赞许与欢喜都变作了口水，喷向那个依然默默不语的她。再演戏，她不再接乖巧温顺的角色，饰演了《虎妈猫爸》里令人讨厌，倒追男主的小三，这对她来说是一种挑战，不论是演技或者心理。她完美地完成了，因此也收获了很多牵连到她个人的谩骂。这次，作为一个演员，她突破了。

在她最美的那些年，她是《天若有情》里乖张又清纯的展颜，《天上的恋人》里默默爱人、纯真善良的哑女，但更为人不会忘记的是《金粉世家》里清纯如水的冷清秋，淡然清高，纯洁质朴，永远地定格在那条闪着青涩光芒，稿纸漫天纷飞的胡同里。她也许真的不适合娱乐圈，低调平和的个性，善于家务热爱烹饪的追求，更像是与生俱来的一位乖乖女，一位贤良妻。于是我们理所当然地将那个被她演绎得可爱可怜的民国女子，复制到这个从来低调的演员身上，她应该有那个疼爱她的金燕西，那人必须懂得要像呵护一株百合花一样，珍爱这个女子。

灵性思感

她是个很难让人不爱的女子。素净的脸，恬静的眼，传统保守，纯真无瑕，她的形象定位了她的角色，她并不急于挣脱，在演员的路上，她在懵懂之时遇到了机会，她并没有宏大而准确的目标。随遇而安、不强求是她选择的人生。她希望自己是规律的、稳定的、快乐的，有一个爱人，有一个幸福的家才是她最在乎的梦想。

她说希望自己十年后家庭稳定，时不时演演戏。说完这话，她经历了一场巨变，似乎她的事业心也随之复苏，她推出单曲，演一个从前绝不会涉及的反面角色。这朵百合花终究还是落入了人间。我很庆幸，在她初涉演艺的那几年，她在冷清秋、展颜、吴颖、蔡玉珍等角色身上散发着一丝自我的清纯与美丽，让我们在这乱花渐欲迷人眼的灯光下，曾有那么一刻，被一种叫纯真的美丽所感动。

她和他的故事，收场得不体面，但却留下了温馨的过程。一场枪林弹雨打不碎一个叫董洁的坚强女人。不攀比的快乐，不炫耀的幸福，不雕琢的纯粹之美，谢谢你让我感受到这三件事。这样的女子，一定会有幸福的结局。

柳岩
忘记黑夜,以美艳的姿态飞翔

几年前有一个中国人民大学的女生叫苏紫紫,因为做裸模在网络引起了争议。当无数批判与道德脏水泼向当时还在校就读的苏紫紫时,网络那头骂得最凶的,以不堪入目的词语喷射着这个和自己生活毫无关联的女生的人们,恰好正是频频点开她的裸露照片,为这些年轻裸模生存买单的人。道德的外衣似乎是遮掩,掩盖了阴暗的内心深处和猥琐的人性。

苏紫紫很清楚自己在做什么。因为抱着为艺术献身的精神,她很坦荡地裸身面对记者采访。后来她做了一件勇敢的事,在自己裸露的身上写下她承受的谩骂,任凭一盆盆墨汁蔓延在她润泽有弹性的身体上,以此向虚伪的卫道士宣战。

在我的记忆里,性感并不是一个褒义词。如果小区里某个女人被冠以性感这个词，多半是在妇人们口中轻贱地吐出的。尽管她们也许只是花枝招展了一点儿，只是娇嗔了一点儿，在妇人的嫉妒和不怀好意地编造的剧情里，她八九不离十便是个不守妇道、水性杨花的坏女人。很多年后，当身边越来越多人感叹玛丽莲·梦露的美，我以为性感从此是对女子极大的褒奖。后来，我想我太过年轻。

不知为什么，我对柳岩充满好感。又是情义千斤不敌胸前四两的老梗？当然不是因为这个。从《音乐风云榜》开始，我便对她颇有好感。和别的主持人颇有距离感的职业性微笑不同，她总是灿烂地笑着，大眼睛扑闪扑闪，标志性的齐刘海减龄又可爱。彼时她时尚年轻，自然生机勃勃。时至今日面对镜头，她依然精神奕奕，满面春意，尽管浓妆已盖不住她细微的倦意。

朝九晚五，周末双休，偶尔熬夜也是为了杀下一局游戏，抑或追最新的韩剧。这可能是普通白领的生活常态。嗑着瓜子挑剔明星一个皱眉，一个冰冷的嘴角时，你不会想到她可能一个日夜都没有睡，而睡眠缺少会易怒会晃神。在我曾经苛责某个内向明星在综艺里一言不发太耍大牌时，从不曾想过这些。

如果说保持笑容和亲和的态度是明星的职业素养的话，我想柳岩做得很好。也正因此，友情出演好友彭宇导演的微电影时，因为沟通问题抑或工作安排事故，媒体等待了她4个钟头，一头雾水的她气愤难当。她自己是媒体人,太知道等待明星的滋味,她不愿意背负这种黑锅。

《煎饼侠》里,柳岩和大鹏在国贸大楼顶端俯瞰北京城。"我们为了在这城市活下来,已经起早贪黑拼尽全力了。"柳岩说着台词,泪盈于睫。她拼劲最后一口力气走到今日,没有尝过一夜成名的爆红,也没有轻而易举地飘浮在云端。

1998 年,18 岁的柳岩还是一名小护士,身为语文老师的母亲管教甚严。所在的医院也不允许恋爱。但 18 岁的她在日记里开放了另一个天马行空的世界。她写:"从小就觉得自己一定会成为一个不同寻常的人,亦能成就一番事业。不要说这是每个年轻人的妄想症。我有很多地方不如人,也有超过别人的地方。"评价自己的话是同学赠与她的:"外表坚强,内心脆弱。"

一直觉得外表坚强的人是最不讨巧的,犹如构筑一条防卫的墙,让人以为你无坚不摧,可以对你肆意直言,横生打击,只因为觉得你够坚强。柳岩在日后的争议事件里也往往映照了这样的形象,别人越对她不客气,她越不示弱,奋战到底。有人讽刺她借胸上位如鸡,她偏要回应:"骂我就骂我,不要侮辱鸡。"只把不怀好意的对方说到无话可说。

从小便梦想做主持人的柳岩 14 岁时,便参加了深圳一档主持人大赛,结果名落孙山,但她坚信自己的实力不止于此。离开前，柳岩对节目监制说，我不是这样的人，我一定会证明自己！事实上，2005年前，柳岩已经和广州电视台34频道签约，并在广东、湖南两地都担任了主持人，并拍摄多条广告、小品剧集和短剧。

很多人也许一生将止于此，亲人在身边，事业稳定，只待婚姻，也算岁月静好。但2005年，她却做出了改变命运的决定：参加《猫人超级魅力主持秀》，已经26岁的柳岩与同台竞争的参赛者相比，实在属于高龄了。表现得优胜，也只会被视为经验相对丰富。稍有失分，便会被质疑经验也没有用。这个比赛里，她只获得第七名，且没有获得单项奖。但光线传媒独具慧眼地和她签了八年的约。签约并不是一劳永逸，是一个接一个更残酷的竞争和挑战。第一项工作便是在群采里争取提问机会，第二项便是采访为《无极》宣传的陈凯歌陈红夫妇。因为提问"如果《无极》票房不好，你会怎么样"，陈导演被气得拂袖离席。刚到光线传媒不足10天的柳岩，被骂道为博头条对名导不敬。得罪了大导演，还能在北京城里活下去吗？她哭得不知所措。瑟瑟发抖地被叫进节目组，迎接她的却是一屋子掌声。做记者不寻找话题注定是失败的，但在复杂的娱乐圈不成为众矢之的，又能剑走偏锋谈何容易。

因为被邀请拍摄了《男人装》的封面，光线传媒发现了柳岩潜在的魅力——性感。强烈的个人特质几乎是成名的必要条件。于是为了市场为了成名,柳岩开始不吝惜微露酥胸,坦露她的风姿绰约。从此这个名字和"胸器逼人"四个字联系在一起,曝光率跟随争议声一齐上升。"她要成名。"我喜欢她的直接,所以选秀失败会直言自己的失望和愤怒。新人时期也不愿用平和伪饰跃跃欲试的心。放弃一切来北漂,说不为成名,谁会信?

想要低调平静可以躲开镁光灯做一个普通人,成为明星势必要追求作品和人气。我觉得柳岩观点并没有错。所以,尽管《画皮》里只是一晃而过的戏份,《不二神探》里她的胸仍然是她得到这个角色的主因,她并不在意。在《康熙来了》上不卑不亢地吸引话题,制造爆点,在《画皮》发布会上穿着性感装占据了版面,作为一个明星,她实在敬业。谁也不曾知道她是内心多么保守的姑娘,也曾经裹得严严实实不接受暴露服装。但她的姿色虽美,却没到可以凭借脖子以上便能吸引注意的程度。她的智慧比想象的丰富许多,但是无人问津时,谁也不关心她的内在美。不得已的形象定位,似乎让她踏上了台阶,无法再走下来。

于是,在人们紧盯着她的胸时,却又给她冠以各种各样不堪的帽子,在毫无根据的传闻里捏造出一个"出卖灵魂,也出卖了身体"的形象。早期徐若瑄去香港宣传,在某杂志拍摄封面时,对方提供她的是透明的内衣。对此她大感受伤,拍过写真和三级,但那些对于她只是工作的事,却为她的人格打上了有色的烙印。柳岩一路都在承受这种烙印,早期一档网络直播节目,要求她穿着暴露,讨论成人话题,人气一下滑她便被要求在节目里跳辣舞。别人只能忍受一期的节目,她坚持了很久。常常忙碌到边吃饭边直播,但仍然有铺天盖地的谩骂和污言秽语直接经由网络,从四面八方传来。她只能安慰自己受到关注就算成功,最早的死忠粉竟然是从那时积累而起的。

倔强的柳岩,初出道便逢和台湾综艺天王吴宗宪同台的机会。和当年红极一时的节目《我猜我猜我猜猜猜》里的大小S一样,制作人要求柳岩放弃那些小聪明,扮演傻白甜,只需充当节目的背景音效,但她不从。于是起了争执,制作人从头骂到尾:"你是什么东西?你什么也不是!我永远不会找你主持!"从人格到尊严的360度侮辱让她恨到以泪洗面,但为了在节目里有出镜,她坚持到底。天蝎座的女孩,向来有恩报恩,执着记仇。都说不欺少年穷,那些给新人穿过小鞋的圈内人,大概也是用打压掩盖被后浪扑倒在沙滩的不安吧。

从可以临时被替换的小主持,到无可替代的光线一姐。柳岩没日没夜地付出,却都是为了家。从参赛时为了母亲治疗癌症化疗筹钱,到自己因为过劳而身患肿瘤,她用笑容掩盖了真相。《舞林大会》上,跌得青紫的柳岩刻意淡化为训练吃的苦,又是外表坚强的不讨巧。她太不懂卖乖，也不喜欢小情小爱里的黏腻。

在众人揣测她丰富的私生活时，她却鲜少有绯闻。唯一一段亲口确认的爱情竟然发生在20年前。未满18岁的实习护士，遇到了30出头的高大军官。18岁生日时带着她第一次乘坐飞机，每天送豆浆给她，为她低下身子擦鞋。没有交过异性朋友的少女其实还不懂什么是爱情。

母亲觉得她年纪太小，极力反对。军官离开，她5年无法释怀，不能重新去爱。她恨他教会了爱，却又转身消失人海。多年后，她回到广东，心结不解，她鼓起勇气联系了他。眼前这个已有家室的男人似乎已不是少女记忆里的初恋。她彻底把这段感情丢进了深远的岁月。

很喜欢看柳岩写的文字，言之有物，文笔细腻。她的字比她的话精彩，她的话比她的外在迷人。有人说外在美决定是不是在一起，内在美决定能走多远。如果说她的身材吸引了太多关注，那么可以为她留住脚步的人，会懂她的丰富。

帮助母亲完成两次癌症手术，为侄子侄女负担学费。生活里的柳岩并不是电视里那个人。"柳岩，我觉得真实的你很可爱。"因为经纪人的这句话，她同意去参加真人秀《如果爱》。果然，不做作的她，展示了芭比娃娃的另一面。她值得被爱，她会走得很远。

王小波的《黄金时代》里,陈清扬问王二,自己作风正派,是不是传闻里的破鞋。王二说:"你是,大家说你是你就是。"似乎群体暴力从来没有远离。深谙成名之道的柳岩,性感是她的金字招牌,但她拥有的远不止这些。成名没那么简单,这个世界也没那么肤浅。

灵性思感

她说自己感谢老天眷顾,对过去她也不后悔。因为她拼尽了全力。对成名欲望足够坦荡,对市场需求把握得足够聪明,她知道自己的优势,但并不是所有人都愿意透过她的身体看她的内在。

她说安全感是自己给自己的,越努力才会越幸运,越幸运才会越成功,越成功才会越自信。而自信的人才会有安全感,才能纯粹地去爱,不受一套房一辆车一张卡的牵绊。北漂多年的她,自然看尽了世间冷眼、丑恶野蛮,但她依然可以在镜头里绽放甜甜的笑容,这样的性感,我愿意喜欢。

起初她可能只是一朵美丽的带刺的蔷薇,她并不太出众也不太被看好。可是风雨过后,她的坚毅足够令世间的猛虎悄悄凑近,只为嗅一嗅她的芳菲。

李宇春
挣脱世俗，成为另一种花儿

在我们的印象里，内向的孩子沉默寡言，很容易在激烈的社会竞争力里丧失优势。这早已不是酒香不怕巷子深的时代了，你必须是善于自荐的，必须争取发言权，即便如此也不一定能心想事成。她似乎是其中的异数，她特别的地方太多，以至于让人无法忽视她，而这一切要从2005年说起。

那年夏天，校园暗潮汹涌的荷尔蒙终于因为一场平民选秀而狂热不止。那是选秀最兴盛的年头，后来回看那一年的选秀仍然是前无古人后无来者，关注程度无可匹敌。来自全国各地的女生，不限年龄不限学历不限身高相貌涌进一场叫"超级女声"的比赛当中。当年总报名人数超过15万，进入海选之前已有两场面试，她们几乎都相貌平平，穿着朴素，但是一个夏天过去，很多人的一生因此改变。

从成都赛区 50 进 20，10 进 7，再到登顶成都赛区冠军。总决赛 6 进 5，5 进 3，再到最后一场总决赛。过五关斩六将，没一战不是惊心动魄、离泪涟涟，她一路有惊有险地走到了终点。那晚她还和往常一样，在舞台上气场十足，舞姿潇洒，把玩麦克风很老练，用女中音的嗓子唱着推开成都赛区的海选大门时唱的那首歌：《我的心里只有你没有她》。黄小琥式的醇厚在这个年仅21岁的女孩身上再现了。

决赛结束那晚，观战的人无一不内心悸动。这是草根一夕爆红的一晚，明天她的人生将一切不同。在这之前，她还是四川音乐学院大三的学生，和师哥商量着毕业后一起去北漂唱歌的天真女孩。随着这档节目的挖掘和忽然成名，她背后的成长故事也被悉数道来。

生在一个普通家庭的李宇春有一个做铁路警察的爸爸，和专心照顾家庭的妈妈。性格继承了爸爸的内敛，如果寻一丝音乐上的传承，一定在非常喜欢唱歌的妈妈身上了。这对平凡的夫妻常常出现在她的访谈观众里、演唱会的台下，温和老实，一如我们任何人的父母。小学时，她也和同桌的那个他，一样干过"老师说肚子里要有墨水，于是喝了一小盖墨水"的糗事。从小活跃在文娱汇演中表演唱歌的她也算才华早露。

进入初中后，内向的性格一度令她的才华未被他人察觉。因为守口如瓶的个性，她也成了同学最常倾诉知心话的朋友。因为外表高冷，实际热情如火，所以和好朋友熟识后，偶尔哼几句歌被好友记在心里，好友背着给她报名了校园歌手大赛，结果她一鸣惊人拿下第一。帅气稳健，活泼又大气的台风和教室里那个默默无闻的瘦弱女生判若两人。几番比赛积累了人气，她俨然校园小明星，有同校同学害羞找她签名，常常在食堂吃完饭结账时，发现已有不留名的粉丝给她付了账。

内向性格的人也许在和人交往时非常害羞，但在熟识朋友面前却可以放肆嬉戏。在自己最擅长的领域也可以张扬热烈，李宇春便是最好的例证。18岁那年，这个内向的姑娘做了一件在普通学生中非常石破天惊的事，在新都一中的礼堂举办自己的个人演唱会。伴舞的是自己的同学，导演和组织排练都由李宇春担任。负责伴舞的同学给她挥舞荧光灯，挂扇子。尽管她肆意歌唱的《双截棍》《简单爱》《大海》，台下的父母并不能理解，但眼前的女儿让母亲从此放心，且笃定：这孩子做什么事都能成功。这场演唱会相比后来的《Why Me》演唱会，当然是青涩稚嫩的，但对于一个在校高中生，却不是那么简单。李宇春似乎用实际行动说明一个事实：证明自己的能力无需太多言语，更不用大吵大闹声明主张，只需要埋头做好一件并不容易的事即可。

母亲说的没错，出道10年，在她最热火朝天、分身乏术的时候，她的《Why Me》演唱会年年照旧，从未停歇。她深知，不做一件事可以找无数理由，但是坚定又强大的信念却可以击败任何的托辞。初入四川音乐学院的李宇春，依然给同学们留下冷漠无表情、不可理解的第一印象。她坦言自己慢热，不擅长和第一次见面的人热情套近乎，无法对不感兴趣的话题假意逢迎，但是却可以对朋友掏心掏肺。于是一个宿舍的女孩子最后成了吃几年散伙饭也难分难舍的姐妹。她们为她伴奏，为她祝福。

也许她的个性并不适合娱乐圈，微博常年不更新，几乎长草，微信只看不发。红地毯上群星爆乳低胸，唯独她素衣裹身，在这个明星忙着刷存在感的圈子，她更希望去一个无人问津的地方发一会儿呆，在一个安静的角落里听一会儿音乐，她始终没有利欲熏心，忘记初心。但恰恰因为特别，她的个性又很适合娱乐圈，一头利落短发，不穿裙子的特立独行成了她醒目的标签，不假笑，不在接受采访时虚晃一枪，也不刻意和谁套近乎，她太特别，以至于获得很多女星的喜欢。本来女星相轻，她的男孩子气，直来直去的个性却为她赢得了倪妮、周迅等人的欣赏。

就在众人以为偏向中性风格的她缺乏女人味，男人缘一定不如人意时，黄秋生说她才不中性，实际羞怯紧张，更放言："我希望她做我的情人。"黄晓明也忍不住发布会上逗她，背地里大赞喜欢她。刘伟强导演更是认定她是干女儿。2012年，她在一场发布会上与高绨耶一见如故，这位世界级的巴黎服装设计师对她说："你在我心中是只大鹅，但是身上的羽毛是黑色的，你很冷，但是你很高贵。"高绨耶眼光之毒，似乎穿过覆盖在她身上无足轻重的评价，直抵内核。

意大利天才设计师里卡多·提西为之操刀2013年演唱会的五套华服。李宇春的戛纳红地毯服装，参加Met Ball，甚至代言纪梵希，都离不开这位挚友的欣赏与肯定。无需她多言僵笑，她的内心被这个灵魂大师看透："人们都为她疯狂，她与麦当娜、碧昂斯一样，都不是只拥有单纯的美，而是有智慧的人。"中国艺人削足适履也很难融入的国际时尚界，她似乎轻松地融入了，人们没有猜到她的时尚潜力，就像没有看到她的细腻与贴心，就连送给老佛爷的见面礼，她也是精心挑选了一件中国的苏绣，上面绣着老佛爷的宠猫。

电影，她因为没有经过专业训练，最早是拒绝的，这似乎符合她的个性。没有完全的把握和自信，她不做这种对人对己都缺乏责任心的事。可是接拍《十月围城》后，她追求完美的个性，似乎激起内心的艺术潜力。飞檐走壁、飒爽英姿的李宇春被导演陈可辛赞：有林青霞的影子。因为《龙门飞甲》，她演技初被认可，更与周迅、陈坤成了朋友，她的摄影作品里从此众星云集。

娱乐圈似乎的确有这样的范本，才貌双全，滴水不漏，智商情商甚高。可是李宇春，她似乎并不在范本之内，也无意靠近。无须成为另一个别人，活出自己，也许才能找到自我的美。也许总有人嫉妒她的幸运、人气、人缘，但她所经历的痛也并非所有人能承受，尤其这些痛来得莫名其妙，毫无缘由。

那几年，网络上开始了一场戏谑"春哥"的集体狂欢。围绕她的取向、超女分歧等争议甚嚣尘上，似乎人们已经忘了她只是个半只脚刚刚踏出校园的孩子。她从不解释，父母心疼忍不住对媒体做出澄清，她始终保持沉默。直到2010年《Why Me》最后一场南京演唱会上，她公布了给自己的一封信，袒露了长久以来承受的非议。她唱道，"流言传来传去，说不停，不知道何时能平息，流言转来转去，请相信我的心纯真如往昔"，不轻易落泪的她，终于泪如雨下。

简单与率真为她赢得了复杂圈子的喜欢，她不遗余力地参与公益，却异常低调。她高产量高质量地出专辑，坚持年年办演唱会，恪守着最初的梦想。从言听计从，到发表意见，到全盘策划，她的演唱会成了她思想的镜子，为了保证效果，她吊威亚几小时，腰伤复发也默默承受，为了保证演唱会尽善尽美，和老总拍桌子拍板凳她也不顾。她始终是她，却做到了一个有梦的普通女孩，可以达到的极致。

我最庆幸的不是一个草根女孩如何在一个比赛里层层淘汰对手，取得冠军。而是这个倔强简单的姑娘，如何保持自己的个性，在复杂又陌生的娱乐圈固执己见又异常融合。说到底，这个世界欣赏优秀、努力和真诚。无论你是内向外向，你是美丽平凡，拥有了这三样，你就会获得敬意。10年后的今天，我肯定她是真正的时代偶像。

灵性思感

在同样选秀出身的明星整容得面目全非后，她还是最初的那个她。

在同样草根出名的明星炒作丑闻无心唱歌后，她还是那个热爱唱歌的她。

也许有人说，因为她名利双收，自然可以一定程度地任性。你可曾看见简单的她，莫名陷入集体式的流言攻击中，便可知道一切并不简单。《霍比特人》里矮人王子伊鲁柏面对金币时，照样迷失了心智，有时候考验人的不是苦难，反而是忽然而至的名利，我想如果她是落选的那个，她依然是会在角落里，因为音乐而获得快乐的女孩。

她内向，不貌美，不会讨好他人，这样的人能成功？她真的做到了。不得不说，她在圈子里受到男女明星的共同欣赏也许正因为她并非主流的个性。看腻了阳奉阴违，阴险狡诈，绵里藏针，谁会不喜欢这个外冷内热，简单害羞的姑娘呢？

　　长辈总是会对初长成人的孩子说，我是看着你长大的。而李宇春，从选秀走出的巨星，终于能令众人说一句，你是我们看着长大的。被问到自己为什么有超高人气，她说亲切。没错，她不高高在上，和我们中的任何人一样有关心又担心我们的父母，有平凡温暖的家庭，她可以通过努力实现梦想，像一座灯塔，给有梦想的普通人，以黑夜里的希望。

刘亦菲

亲爱的，外面没有别人只有你自己

"整容会让你成为人生赢家吗？"《奇葩说》有一期的话题说的便是这话题。一位略有姿色的辩手说到因为自己的美貌带来的争议。上位了被质疑是不是被潜规则，晋级被说成凭借美貌。同样的烦恼，张雨绮在《女人不坏》里淋漓尽致地展现过。美貌自然为很多同等条件的人增添了竞争力，但也无形有了很多阻碍。于是，娱乐圈里太多的美女甘愿当一个花瓶，至少是安全的，成全观众的臆想，也无需承担暴露真我的危险。美则美矣，毫无灵魂。亦舒如是评价一位女星。其实如此这般的人，又何止她一个呢？

起初，我以为她也是这样的女子。一出道便如出水芙蓉一般，浑然天成不加雕饰，她的样子仿佛为"玉女"二字而生。

《金粉世家》里刁蛮贵气的大小姐白秀珠，《天龙八部》里不食人间烟火的神仙姐姐，《神雕侠侣》里清纯不可方物的小龙女，《仙剑奇侠传》里与世隔绝、不染尘埃的赵灵儿……早期作品里，她也将自身的仙气淋漓尽致地表现了个透。清纯之气的女孩在中国的传统审美里是相当有吸引力的，于是乎惊为天人的她，从一出道便收获了众多追捧与青睐。神仙姐姐一时成了她的代名词。

早些年有关她成长的鸡汤文里，她的个人经历经知音体妙笔渲染，也带了些许仙气。从小乖巧内向的她，经历了父母离异，随母赴美，回国演戏，进入北电，正式出道。一个永远陪伴着她的气质出众的母亲，在网络时代也被大肆渲染。曾是武汉歌舞剧院著名舞蹈演员的妈妈令她从小在艺术的世界里耳濡目染。在和林志颖主演的电影《恋爱大赢家》里，她始终在吟诵聂鲁达的《我喜欢你是寂静的》。她烙在我心中的印象似乎也是个沉静的女子，不言不语，美得出尘，大多数时间是沉静的，说起话来也斯文而彬彬有礼，顺从而没有意见。若必须寻一些沾了地气的特质，不过就是对演戏的认真与敬业了。

这样的姑娘无疑是楚楚动人的，却经不住品味，如一座城楼有漂亮的外形，进入其间空无一物，寡然无味。如今看来，王菲微博里那句"永远不要用你的心去揣摩别人的心！十之八错"看来真真是有理。刘亦菲的外表气质只是她的魅力之一，她的这座城堡，走进去依然有意外的风景。

几年后，再听闻别人以"玉女"的名头介绍她，她的表情划过一丝无奈："我从来没有说过我是什么玉女啊。"这个类型感很浓的词并不能代表一个有血有肉的她，对于旁人是褒奖，对于她却是一种贬低。她穿着黑色超短裙，卖力跳起热舞，让很多习惯将她定性为玉女的观众惊讶不已，我心中却在叫好，她希望展现不一样的自己。对于小龙女杨过重逢的戏码，导演希望她表现得喜形于色即可，当时她心中觉得不妥，但也只是顺从，几年后她直言不讳对自己的表现不满意。等待了16年的爱情，那个年纪那份心情应该是百感交集苦中带甜的。而王语嫣对段誉态度的转变之剧烈，也令她觉得不甚合理。她对戏剧解读，人物心理的体悟有着自己的思考与理解，她绝不是只负责貌美如花的傻白甜。

粉妆玉琢的古装美女，身怀绝技的打女，妖娆鬼魅的聂小倩……她努力尝试不同的形象，不希望困囿在类型中做一个花瓶。与众不同的是，出道13年，出演十多部影视剧，实在不算高产。在事业渐入佳境的2009年，她交出的几乎是一张白卷。这一年她推掉了很多的片约，年少得志，她同时也遭遇了扑面而来的负面新闻，身世、年龄、学历……围绕她的是非越传越离谱，越描越黑。而演戏密集的那几年堆积的困惑也让她的压力达到了顶峰。是不是还要演戏？如何做一个公众人物？那一年，她的困惑与忧愁很多。她足够有勇气，给了自己 2008 年~2010 年的休息期，思考成熟，于是上路。"亲爱的，外面没有别人，只有你自己。"她对自己说。这是《遇见未知的自己》里的一句话。大学时，一位朋友推荐我读过此书。在人生困惑时，沉湎于酒精毒品逃避痛苦，不如直面痛苦推开那扇门。

我想是那几年，令她爱上了读书。在阅读里让自己沉淀，让自己心静。她的微博里隔三差五推荐她正在阅读的书。从她出演的同名电影电视剧的原著，如《第三种爱情》《红颜露水》，到《在天堂遇见的五个人》，再到她尤其偏爱的心灵对话类的书籍，如《痊愈密码》。一同演戏的邓超见她总捧着本书，起初还打趣是不是一直抱着同一本，只在人前做做样子，结果发现并不是。在女明星忙着邀朋引伴 Party、恋爱时，她像个沉迷书海的学生，在书里寻找自己想要的答案。

如果不是听闻她对爱情的解答，我不会相信宋承宪所说，刘亦菲比他成熟。对于自己演绎的百转千回的爱情，她分得很清。戏剧是生活的浓缩，生活永远不如剧情般曲折。她既不会是单恋苦追的白秀珠，也不相信王语嫣能变心如此之快。小龙女、杨过经受住时间考验的爱情自然符合白头偕老的期许，但这份凄美也是她认为可遇不可求的。从来无所谓选择，爱情总是顺其自然。她对自己的事业爱情越发笃定。

她那张乖觉可喜的脸，让我从前总误解她便是娇嗔的赵灵儿，便是任性的白秀珠，便是忧郁倔强的金巧莉，其实她是刘亦菲，一个有思想有深度的姑娘。打破成见后一路都是惊喜，她害羞的个性，不是娱乐圈里最常出现的自来熟。为同类型女星的作品打气，和不如自己的女星互动热络，她真心袒露对某个艺人的喜欢，也绝对捧场闺蜜的演出。毫不隐瞒自己的好酒量，自我调侃幼儿园水平的画作，也乐意在微博暴露自己的脆弱一面。当她越来越袒露自己理性的思维，丰富的内心，却越发惹人喜欢。

2015年6月，刘亦菲携手宋承宪出现在首届互联网电影之夜的红地毯上。身穿水蓝色深V晚礼服的她，罕见地彰显了自己的性感，媒体大肆报道。我心中莞尔，这才是刘亦菲呀，成熟到无需母亲朝夕相伴，内心有顽强、个性的小宇宙。几个月后，他们的感情公布，对爱情一向三缄其口的宋承宪，几乎是一代人心中永恒的韩星。这次，他却以昭告天下的姿态宣告了这场爱情的发生。这一次，粉丝们终于认同神仙姐姐落入了尘世间，殊不知她一直很真实，角色光环的负重是时候散去了。褪去了初出茅庐时的茫然无措，她比任何时候都确定自己的路，和自己的爱情。我几乎断定，她必然将是风格百变的明星，千姿百态的演员，她会让世人记住她不是别人，她是演员刘亦菲。

灵性思感

　　说起她的童年，她是不快乐的，不只是父母的离异，更是身在重点小学感受到的学业压力。青少年时期也是不轻松的。孤身在美国学校，被韩国学生欺凌，个性使然，初出道的她总有些抹不开的忧愁，是对演戏的懵懂，是对新生活的胆怯，也是经历堆积的内心的愁肠百结。

　　而进入娱乐圈，成为公众人物势必招致更多的明枪暗箭。过于保护自我，显得越发神秘的她更承受了漫天的非议与不友好的言论。她默默承受，和从前一样不予争辩，她在片场忍受疼痛与辛苦，内心一片焦灼，于是有了休息的那几年。

　　也许你会替她可惜，最美好的那几年，错过的那些片约或许会推着她走上巅峰的啊！但我却不认同。抱着拍最后一部戏的消极念头，她几乎已到崩溃的边缘。也许人生都有这样的时刻，四面八方的压力来袭，眼看着生活即将走向绝路。我想她的做法值得作为一种榜样。

　　暂时地停下脚步，放空自己，在书本里寻找答案。在心灵的对话里更了解自己，也更了解自己的问题所在。她此时仿佛才正青春，几年前那个面目上不见悲喜的少女，在自我探索的路上找到了快乐与动力。对于很多看似难解的问题，她都有了冷静而睿智的答案。这样的她，很难不拥有更稳健的步伐和更健康的发展。

　　北大原创电影《此间的少年》里有一句台词说的是，那些年少自杀的人如果能活下来，过了十年二十年，会发现当年让自己要死要活的事原来那么不值一提。经历帮助人坚强，思考帮助人成熟。而镜头里越发容光焕发的刘亦菲仿佛在说，成熟并不等于失去童真，成熟不是苍老。人生最美好的修炼，不过是一颗足够坚强的赤子之心。

杨幂
了不起的北京妞，金不换的聪慧

初见杨幂，是因为一场很无聊的网络口水战，关于最美校花。被拱在风口浪尖的人里，最夺目的便是她。一双清澈灵动的眼睛，像微风拂过的湖面，好有灵气的女孩。配着她小小的脸，当年很流行的鬈曲的长发，一下子觉得其他候选者都黯淡无光。那已经是 2009 年，她主演的《仙剑奇侠传三》迅速走红，这不就是大家想象中那个古灵精怪，灵气逼人的雪见吗？有一点俏皮，透着十足的机灵。

从 4 岁起出演《唐明皇》的咸宜公主，5 岁时出演《武状元苏乞儿》里的苏灿女儿，6 岁时出演《猴娃》，到高中即出演《神雕侠侣》里的小东邪郭襄，带着多部影视作品及广告进入北京电影学院，出演了《宫锁珠帘》《孤岛惊魂》《小时代》等热门影视剧。看似幸运，实际几乎是一路被黑着走到了今天。

她说起一路所受的非议，举了一个妙趣横生的比喻："如同草船借箭，也许扎到我身上的一根根箭原意是为了中伤我，但是也可能为我所用。"说着这话的她年过28岁，依然可以演18岁的少女，但眼里多了一份从前不曾有的坚毅。

这个世界上美貌是稀有品，但是因为先进的医术和科学的作息也能够复制拥有。这个世界上才华智力是灵药，但笨鸟先飞，流淌更多的汗水，用心良苦地学习，终会有所成绩。唯有一样，似乎千金不换，便是一个好个性。个性的养成，很大程度上受到家庭和成长经历的影响，如此说来不得不说她的家庭，和一对非主流的好父母。

父亲是一名民警，按理说应是一个严于律己，严于律人的汉子。令人惊讶的是，事实并非如此。杨幂因为父母加她都姓杨，于是取数学里的幂字做名。这个扑扇着大眼睛的女儿诞生在北京南城的一个普通胡同里。从小她便得到了一个非常完整的童年。父母原本也是想按照淑女的路径培养女儿，无奈杨幂从小便是个好动坐不住的主。钢琴课上几节便懒得去，舞蹈亦然。最常挂在嘴边的就是：别让我累着了，我就懒得动。然而和小伙伴们玩起家家酒，跳起橡皮筋，爬胡同里的树，掏鸟蛋，她又变得活力无限，活脱脱一个假小子。

不止如此，长得楚楚可怜的小姑娘，却从小就常常在胡同里叱咤风云，教训欺负人的男孩是常事，得了个"小厉害"的外号。成名后，她自嘲："爸妈从不担心我被人欺负，只希望我不要把别人欺负得太惨就行。"这样天不怕地不怕的鲜明个性延伸到了她的学生时代。因为看不惯班里欺负女生的自以为是的男生，她把男生的椅子书包一起丢进女厕所，给女同胞一雪前耻。

幼时，父母并没有拿起小皮鞭，逼迫这个顽劣的孩子端坐在钢琴前，消磨她的童年。杨幂喜欢画画，父母觉得这个行业没有前途，只当这是她的业余爱好，这大概是他们唯一的限制了。因为女儿过于活泼好动，父母抱着试试的念头带着不足4岁的杨幂，来到了中国儿童电影制片厂开办的儿童影视表演培训班报名。尽管年龄不够，但俊俏机灵的杨幂被招生老师一眼相中，破格录取。所以上小学前的幼时，她便早早地完成了与影视的第一次懵懂接触。

进入小学后，杨幂中断了童星之路，因为成绩优秀，从小学一年级到三年级都是班长。当年演戏的试水尽管对于一个不谙世事的小孩来说，如游戏一般，但热爱的种子已悄悄埋下。当她重新拍戏的念头悄悄萌生，却第一次遭到了父亲的反对。在未来蒙昧未明的时候，父母更希望她走一条稳妥的路，考上一所好的中学才是良选。

杨幂没有辜负期望，考入了北京重点的十四中学。然而青春之门的打开再也禁锢不住原本就个性极强的杨幂。她叛逆，开始有了美丑意识，学会了臭美，钟爱上大头贴……父亲看在眼里，深知青春本就是一场叛逆的旅行，也并未像很多家长一样施以强压。严格的校风要求女生们不准染发烫发，爱美心切的少女偷偷买来染发剂，只在头发窝里挑几根染一下。平日在学校用黑发盖住，回家才散开。说起女儿的叛逆举动，多年后父亲直呼："真逗。"

2001年，15岁的杨幂还在读初二，开始关注服装搭配的少女杨幂很想穿漂亮衣服，于是给正在征选模特的《瑞丽》杂志悄悄寄去了自己的照片，顺利当上了平面模特，并获得封面模特第二名。回忆起这段蠢蠢欲动的岁月，杨幂感慨："非常年轻的时候就应该勇敢尝试，喜欢做什么就去做，因为你还年轻还输得起。"尽管起初反对，但女儿真的迈出了这一步，父亲充当起了她身后为她遮风挡雨的大树。

拍封面，拍广告，拍电影、电视剧，一定是父亲先去摸索、讨论签约。尽管职业和娱乐圈相去甚远，但为了女儿的安全，他冲在最前面。直到如今，杨幂最早见报的《北京晚报》，第一本剧本，都被父亲工工整整地收藏着。一次恰逢和成龙拍广告，因为是巨星，几个面试的小女孩都过于紧张无法入戏。成龙看着杂志上小杨幂的照片,坚持要见一见这个眼里有光的姑娘。成龙问这个女孩会怯场吗,父亲说:"咳,天不怕地不怕。"为了测验一下是否属实,初见面的成龙逗她:"你看你脸这么小,我鼻子这么大,我鼻子搁你脸旁边你看怎么样?"小杨幂淡定地说:"那都是鼻子了,哪还有脸啊。"标准的北京大妞范儿,直把巨星逗得哈哈大笑。成龙还给这个"霸气侧漏"的小姑娘签了一个"幂姐姐"的名字。

16岁以前,父亲监督保护她的每次工作,16岁以后,杨幂签约经纪公司,父亲学会了放手,让从小就有主见、胆大心细的杨幂,开始了独立之路。杨幂也跟父亲说:"以后我所有的学费我自己负责。"高一暑假她拍摄了《红粉世家》,高二暑假拍摄了《神雕侠侣》,因为边上学边拍戏,她在学校也感受到了争议:"这又不是培养明星的高中,嘚瑟什么呀。"也许美貌且锋芒毕露的女子难逃这样的宿命,杨幂最后却总能和女孩子打成一片,也许都因为骨子里的侠气。

后来,北电的考官提起2004年考场上那个唱《南泥湾》走调的姑娘还记忆犹新:很透明,如水晶一般,情感真挚,放得开,不怯场,允满灵气。一入大学的杨幂便被选去主演《王昭君》,跟一群如白纸一般进入大学的同学相比,此时的杨幂已经拍了7部电视剧,几十个广告。她仍旧如朋友一样,向父亲倾吐自己被排挤的苦闷，交流自己的想法。于是她主动推荐同学拍广告，介绍同学机会……最后和同学打成一片。高中以后，杨幂不再住儿时长大的胡同，离开了那间满眼都是粉红色的少女的小屋。但她昔日的心爱物件还被爸妈安好地放置着，空出的地方也摆上了父亲精心培育的盆栽，仿佛女儿还是那个小女孩，还在这个粉色的小屋里编织绮丽的梦幻。

　　龙应台在《背影》里写："我慢慢地、慢慢地了解到，所谓母女母子一场，只不过意味着，你和他的缘分就是今生今世不断地在目送他的背影渐行渐远。"也许懂得放手也是一种爱。当杨幂经历叛逆、彷徨，终于顿悟后开始了自己娱乐圈的劳模之路。仅仅2011年就拍了11部电影，4部电视剧，7个广告。她的时间不是按天是按小时分配的，父亲的感慨透着落寞。她不再是那个遇到苦楚便会到父母的屋檐下寻求安慰和温暖的弱小的女孩。父亲说，她若是16岁时便这般成名，一定会自杀，她承受不了这么大的压力。16岁时，被同学排挤，拍戏辛苦，她会写在博客里，会和家人说，父亲不忍心，说你开心就做，不开心就别做啦。

　　在演戏这件事上找到目标和热情的杨幂，尽管马不停蹄地奔波于片场，每天只能睡三四个小时，冬天落水戏，也必须凿开冰往下跳，累得发烧瘫软了，到镜头里立马精气神全回来。相比于身体的疲惫和工作的强度,更令她痛的是漫天的诽谤和无数的恶言。她起初很在意,却强作镇定告诉旁人她不在意。后来她真的不在意了,淡淡丢一句,又不了解我,招我干吗呢?让抨击者自讨没趣。这些苦楚她不再丢给父母,每次父母亲只能通过短信问候关心她,她也学会报喜不报忧,"我很好,哈哈哈"。当父母想探班时,她预知结果一般劝阻了他们,"这里要吊威亚,下冰湖,你们看了会受不了的"。

终于释怀、变得强大的杨幂在无数风波后,感谢自己的家人。灰头土脸地回到家,爸爸没好气地来句:"你看你越来越丑了,和你妈一个样。"在她和冯绍峰绯闻甚嚣尘上时,父亲来一句:"你就跟八阿哥得了。"把苦闷的杨幂逗乐了。互相埋汰挤对的相处方式,好像所有晴天霹雳、狂风暴雨都是无足轻重的小事。有时候父母的过度紧张,反而令孩子更没有底。杨幂的父母亲给了她一个轻松的港湾,在这里告诉她这都不是事,只有你身心健康,拥有幸福才是天下最重要的事。

劳模还在继续奋斗。她和父母甚至一年见不上几面。然而只要她来到北京出席活动,在疯狂跳跃的粉丝和密密麻麻的人海之后,一定站着一个头发已经微微染上白霜的中年人,他默默地凝视着台上光鲜耀眼的女儿,手里拎着一壶鸡汤。"她从小就喜欢喝老母鸡汤,必须是郊区的柴鸡煲汤,她每次都必须喝上几口。"

父亲淡淡地说。

这个家庭里,女儿从未向父母撒过娇,父亲顶多亲昵地叫几声幂幂。2014年5月12日,父亲拍了一张模糊不清的维多利亚港的照片上传网络:"来香港了,夜景好漂亮。"兴许是走得匆忙,兴许是心情激动,他的镜头晃动得厉害。因为他将去陪女儿生产,迎接新生命的降临。

曾经,他在微博发下一长段话:"明天一早儿启程。婚礼上我将牵着女儿的手并把她交给她的丈夫。又多了一个人照顾体贴她。祝女儿幸福开心一生是我最大愿望。把这种幸福分享给大家。等小林哥的照片吧。如果我控制不住哭了我也不让别人看见行不。"

他的微博幽默诙谐,大部分内容都在转发女儿和女婿的新闻。也许这条微博更像杨幂爸爸一贯的风范:"前世小情人嫁个好人家多圆满啊。我心里乐着呢,我才不哭呢。"

润物细无声,也许就是家人给杨幂的影响。从弱小到强大,从隐忍到发声,她一次次聪明的回答令很多草船上的箭成了献给她的花枝,而她终于不畏流言,站成了美而坚毅的姿态。在人之上把别人当人看,在人之下把自己当人看。面对纷纷扰扰的娱乐圈,她看得如此理性。她说自己是野花,家花不比野花香。而她这朵娇艳的野花,永远有一个温暖的家在守候着她。

灵性思感

美貌、才情、性格,三者中我一直认为性格最重要,它可能不会令你家财万贯,功成名就,倾国倾城,却可以给你快乐,这是千金难买的财富。

在娱乐圈明星的家庭里,杨幂的家最温情,她并非出身富贵,也是平凡草根。她的家人没有娱乐圈背景,也没有为她搭很多通向事业的天梯,但是豁达诙谐的父母亲和满满的爱给了她一个温暖的家,自由的环境。

她的独立、坚强、自我、个性,尤其是无所谓,懒理纷扰的独特个性,很大程度上取决于她的家庭。叛逆不可怕,压抑才有深忧。杨幂父亲看着忙忙碌碌、没有片刻时间休息的女儿,也很心疼,却不愿把这种心疼表露出来,这也是一种压力。

蒋勋的《孤独六讲》里说最后一种孤独也是最难以抗拒的暴力,是亲情暴力。即父母亲通过为你好的意图,强行令孩子改变自己的心意。太多的中国直升机父母走着这样的路线,杨幂的父母看似非主流,却深知这一点,也更加令人感动温暖。

若父爱如山,别做那刻意威严的冰山。

徐静蕾
本就叛逆，修行已成

你为什么去那么远的地方读大学啊？很多人一听说我念的大学，往往睁大眼睛。在这个风调雨顺的江南小城，太多人都选择本地的大学，这份依山傍水的安逸，对于大多数从小衣食无忧、父疼母爱的孩子们来说的确找不到离开的理由。而我当初执意填写的志愿，却一个比一个远。

后来看电影《黑天鹅》，妮娜在大多数过程里，总是夹紧腋下，神情严肃。在竞争《天鹅湖》的日子里绷紧着神经，为了竞争一个母亲眼里必须得到的角色几近崩溃，看得人内心震动。她的母亲，旧日的芭蕾舞演员，用自己的梦和遗憾强势地要求妮娜的成长，是个典型的虎妈，妮娜最终在幻想里完成了对自己压抑已久的自我的释放。而我也终于找到了远行的答案。

好像每个乖乖女都有一个自由梦。在强势的父母教育下，童年都过得战战兢兢，万分收敛。然而生命的精彩就在于，即使发芽于贫瘠的土地，也可以在岁月中各自生姿。有的人在没了直升机父母的庇护后，丧失了飞翔的能力，比如《钢琴教师》里的老师。也有的人终于在忐忑不安的青春里找到捆绑着气球的绳索，释放掉积聚的叛逆，然后杀出一条沐浴阳光的自在路，比如徐静蕾。

起初记得她，当然是《将爱情进行到底》里的文慧，用流行的水晶头绳，梳着20世纪90年代的清纯。眼波盈盈，满是笑意，细长的小腿奔跑在晨风里，是清秀的邻家女孩模样，跳跃在校园里，真的就是外语系那个捧着书，在男生的口哨声里红着脸走过楼下的女孩。她说，拍着这部电视剧时，她第一次觉得演戏是挺轻松的事。摄影师是老友，导演张一白也是首次执导，非常青涩。剧组里的李亚鹏、王学兵、廖凡等都是同龄年轻人，导演怕一群年轻人不好好演戏，分了心，叉腰站在走廊里看着。谁料一群人，还是趁其不备溜出去胡吃海喝，似乎在和朋友的玩乐的环境里，她才能放松下来。那一年，她还很年轻，只有23岁。

一直觉得演员这个职业，最幸运之处不是可以体验各种迥异的人生，而是可以在人生最灿烂的年华里永远留下自己的样子。这是章子怡谈到《我的父亲母亲》时的感叹。张柏芝说道《星愿》时也淡淡悲伤地如此说过。徐静蕾遇到文慧，也许也正是岁月的恩赐。那一年她演技还稚嫩粗糙，但演起一个单纯大学生，却也是这份精致不足、本色有余为角色加了分。

而前一部《一场风花雪月的事》，她每每提及仍是掩不住彼时内心的兵荒马乱。回忆起大三那年就能和濮存昕、傅彪、姜武等老戏骨搭戏的好机遇，她的眉眼里却写着痛苦：每次去戏场，都像赴刑场。"感觉自己真的不适合演戏"，在心里给自己判了死刑的徐静蕾，坦陈曾经萦绕在这个表演系女生心头的紧张和慌乱。她显然不是个抗压型选手，尽管她自认从小已在北京孩子互相埋汰挤对的环境里，练就了二皮脸。

她并没有意识到，对于早期的自己，她苛刻得如同她的父亲，给予的几乎都是否定。换做另一个人，未尝不会是骄傲的。因为《一场风花雪月的事》导演赵宝刚前往北电选角时，徐静蕾还是个大二的小女生。来到片场试装，墙上已经贴满了来试过装的"女警照"，她一眼看到了墙上一张灵气逼人，娇小精致的脸：这女孩太漂亮了，你们该选她！这个"女警"就是当时还名不见经传的周迅。名声大噪的导演和如日中天的编剧打造的电视剧，应征者无不毛遂自荐，大概只有她这么打退堂鼓了。

走在呼家楼，忽然遇到一个路人老奶奶认出她："你不是那个吕月月吗？"若是换作其他新人演员，大概也要内心窃喜三分的。可是她却羞得无地自容，意识里觉着对方笑话她演技烂。她第一部担当导演的电影《我和爸爸》在电影院里放映时，她像往常一样，悄悄坐进了最后一排，看着看着就往下赖着身子，怕被人认出，只想钻一个地缝，太不好意思。"自己看到的永远都是缺点。"她这样解释。阅片无数的剪辑肯定：这电影不错，她才稍稍安心地问："真的假的？"剧本一鼓作气写好了，也不敢挺着胸脯说没有问题，直到拿给朋友看了，说挺好，才敢拿起来拍摄。她也明白，这些不过都是自己内心的投射：那个无法趾高气扬的内向小女孩，一直在童年里无法释怀。

北电的老师说起徐静蕾，用的也是波澜不惊的字眼："普普通通、朴素无华。"对于一个急需光芒万丈的行业，她好像真的是个误入藕花深处的姑娘：永远坐在最后一排，希望在老师的视线之外，生怕被点到当众演戏，文文静静的，偏内向。21岁主演《一场风花雪月的事》，她丝毫没有万千之中脱颖而出的骄傲，紧张到不敢在镜头前说话。

当她一举成名，在崇拜声音里多次念及儿时，仍然心有余悸。给予她阴郁童年的人——父亲却一直以她为傲，他还是从长大后女儿的访谈里，才看到一个小女孩的挣扎。尽管头胎是女儿，让父亲有些失望。但这些许的失望很快就被望女成凤的迫切渴望取代。"也许因为他是从小父母离异的，他在没有父亲的环境里长大,所以他的家庭观念很重,更渴望自己是一个好父亲。"徐静蕾说起父亲的严苛,多了几分理解。

教育类书籍贫乏的 20 世纪 80 年代,父亲竟然在冬天,夹着两片火烧,骑着自行车前往北京图书馆,抄录木村久一的《早期教育天才》。密密麻麻的摘抄笔记,因她的盛名,被曝光于镜头前:"凡此种种,皆是为儿女成才也。累累硕果,足慰平生。"一个狼爸的呕心沥血,不禁令人震动心惊。

主持人李静看破了她父亲的执念,当初她的母亲也是因为"文革"时只能在青春年华穿着单调颜色的衣服,所以特意把女儿打扮得形如孔雀,穿尽芬芳。弥补自己的人生遗憾,也许加剧了很多那一代狼爸虎妈望子心切的执念。

因为爸爸从事户外灯光 LED 灯的事业,需要手写毛笔字的能人。父亲干脆把 6 岁的徐静蕾送进少年宫,开始研墨描摹,学习书法。当然学习的颜体也是父亲一手选择的,只因父亲认为颜体,最是硬弩欲张,铁柱山踌之昂然有不可犯之色。

都说人生思幼日,无忧无虑,嬉戏于这世上的时光怎么不让人眷恋。但徐静蕾提起童年,几乎是暗无天日的。少年宫里的小静蕾,并不喜爱练字。迟到早退也是常事,在父亲眼皮底下低眉顺眼地拿走了纸砚笔墨去上课,却多次旷课,游荡在少年宫附近的景山公园。

想想这是一个孩子仅有的自由，难免不让人无奈。下午 5 点成了她的末日，爸爸即将下班。"蕾蕾，作业写好了吗？你爸爸要回来了啊！"奶奶和她最亲，总是呼喊。她在夕阳里和爸爸的车轮奔跑。

英语 1 小时，大字毛笔各 1 小时，每天 50 至 150 个不等的字，日记 1 篇，错题本……爸爸的任务单永远有写不完的作业。最生涩的还不止如此，背诵完全不解其意的《前出师表》《后出师表》让她的童年不忍回首。即使睡着了也会被爸爸叫醒完成当天的任务。

可是讽刺的是，有时候厌恶至极，剥夺你自由的事，也会在某个时刻回报你累累果实。如果没有这些枯燥苦闷的岁月，她不会早早地因为一手漂亮的书法扬名，更不会成名后制作出一套赏心悦目的徐静蕾字体。也许因此，她早已理解了父亲的苦衷，成长的时光里对他的埋怨与不满终于消逝殆尽。

可惜当年单薄的小女孩却不再会拥有一个优哉游哉的童年。只要穿一身漂亮的新衣，生怕她早恋分心的父亲就会责备数日，不要把心思放在与学习无关的事上。婉约的宋词是不允许阅读背诵的，因为父亲认为这会消磨她的意志。父亲的严苛令她顺从成一个众人口中的乖乖女，在漫长的青春期里依然积累着压抑的情绪。

于是旧时最灿烂的少女时光的照片，于她却是不忍直视的。十三四岁完全面无表情，透着凶样，耷拉着脸，全无神采的小女孩和此时谈笑风生的她，简直判若两人。

专制的教育让她几乎在很长时间沉默寡言，但她的内心也在无关语言的另一个世界生长丰饶。胆怯、内向、敏感成了她青春里黯淡的外衣。少年宫书法班将去人民大会堂写春联，仅仅多余一个名额，老师在人群里扫视，她暗暗觉着是她，可是当老师真的说道"徐静蕾，你还是不要去了"时，她因为这事受伤了很多年。

因为高中同学的画，她对绘画心生欢喜。第一次可以依照心意，选择自己的未来路途，对于渐渐长大的她来说异常珍惜。可惜也许上天早就给你选了一条量身定做的路径，使别的选择都成了歧途。她报考中戏的舞美专业，落榜。

失落的经历也为未来她的不自信埋下了伏笔。幸好，旁观者清。一直辅导她美术的中戏舞美系学生赵海也鼓励她考表演系，她决定试试。尽管临时学习的健美操还手脚不协调，抒情舞蹈也显得无厘头，她还是误打误撞走进了北电。"你不要报别的学校了，我们要你了。"面试老师连说了三遍。父亲骄傲地说："面试老师告诉我，看了她的简历，就决定要她了。这个简历是我写的。"她没有发现，镜子里瘦瘦黑黑的小女孩不知何时已经长成了青衣味十足的女子，演员行业为她打开了一扇陌生的大门。这个习惯低着头，默不作声的女孩，在踩着喜悦回家的路上，还不会想到有一天她也可以光芒万丈。但积累了20年的不高兴，已经急切地要找一个出口通通泄尽。

认为教育应该小时候紧、长大松的父亲不再要求女儿的方方面面。而束缚了20年的徐静蕾，仿佛脱缰的野马，开始奋力弥补失落了20年的自由。为了反叛而反叛，成了她大学的必修课之一。

她化妆，谈恋爱，蹦迪，在姑姑崇文门的空房里抽烟喝酒，张罗一群同学看球赛。晚上11点敲斜对面录音系安巍的门："睡什么觉，你不知道大学晚上都不睡觉？"她开始成了豪气冲天的老徐，不能不说为了彻底摆脱那个逆来顺受乖乖女，她不可能没有一点点的刻意。年轻时候，谁不曾暗暗揣度自己理想中的样子，有勇气的一定率先放出内心的栅栏，在耻笑或者诧异里向理想的方向靠近，尤其从专制严苛的家教走出的孩子。他们要么是服从一辈子，丧失自我，要么是彻底叛逆，出走寻找自由，最不幸的便是压抑太久，身心受损。老徐用自己的方式找到了泄洪口，浩浩荡荡地走着自己接下来的人生路。

拍《一场风花雪月的事》时，一向严厉的赵宝刚叮嘱她："你要好好演！"她回了一句："好好演怎样？不好好演又怎样？"

这份嚣张外露，直让赵导多年后还念叨不平。实在不是她目中无人，童年阴影让她比任何人都渴望无拘无束的自由。应该和必须，成了可以轻易让她发怒的言语。从那刻起，这个看似温柔的漂亮女明星有了自己的死穴，或者说也是无从复制的个性：绝不顺从，唯一的必须便是必须随心所欲。

儿时父亲不让她养猫，长大后她最多时养了11只猫。儿时父亲限制她穿衣，长大后她随心所欲买了一屋子的破衣服。在大家认为她应该按时结婚时，她说要谈一辈子甜蜜的恋爱，在大家认为她应该抓住市场，多多开工时，她牵着爱人的手跋山涉水，搜集全世界的风景。

她完成了自我的修炼。从胆怯紧张的少年，到过犹不及的反叛女子，再到淡然地看待世事的随心所欲的女子。当你想要变得美好，没有什么会成为你的阻碍。你以为你在压制里失去了自由的能力？其实只要你足够有能力，强大到超出预计，父母也终会收起因为害怕你受伤而张开多年的羽翼。

她终于成了她想要成为的乐观豁达、豪迈合群、可爱洒脱的女子，小宋佳忍不住说："老徐外表清纯文静，实际男孩子气很豪迈，是我最欣赏的女演员。"高晓松提起这位相识20载的老友，总是啧啧称赞，美而有范儿，绝对的北京飒蜜。

如果说《我和爸爸》里，她还是绷着脸，不知道如何沟通的新锐导演,《杜拉拉升职记》开始,她极力带动她的演员和片场,让一种奇怪的、愉快的、其乐融融的氛围弥漫其间。多年后,她说演员是她误入歧途,导演才是为她量身定制的职业。并非狂妄,她是这样若为自由故万物皆可抛的女子。她做过演员,也尝试过导演,自然体会到演员是偏听从指令,导演是偏驰骋思维、发号施令、控制全局的。若说她喜爱导演,不如说她喜欢导演的自由属性。

从前吸收的知识、积累的经历在她成长的步子里开始发酵沉淀,让她和内心焦虑紧张的小女孩越来越疏远。10年前初入大学读斯蒂芬·茨威格的《一个陌生女人的来信》,她觉得痴恋一生的女孩太可怜,10年后把故事搬上银幕的老徐发现作家R才是可怜人。她的蜕变使她越发放松,那个紧绷着脸的小女孩终于成长为风淡云清,令自己舒服的样子。

一直觉得能和前任保持良好关系的人一定是具有非凡情商的。这点她倒有些民国女神林徽因的遗风。为了爱情的脚本,封笔8年的王朔可以改文风地操刀助力。新片宣传,旧人也能倾力站台。在女明星和前任撕得不可开交的娱乐圈,老徐用一部《有一个地方只有我们知道》昭告世人她的爱情态度:"就让那些被我们狠狠爱过的人,在回忆里永垂不朽。"

她说:"不要健康,也要自由。"于是她在勾心斗角争头条的娱乐圈活成了与世无争的淡然姿态。和男友牵着手躺在布拉格的路面上，望着满天星辰，在纽约大学的英语班里向老师连番发问，结交各国的朋友，熟练地操作着缝纫机，走出一条条平直的针脚，为自己做的挎包被女神舒淇背上时，她欢呼雀跃得像个孩子。

在女明星为年龄惊悚到打针微整的时候，她的模样几乎没有变。

和娱乐圈若即若离，不曾远离的她，已然忘记了岁月，在自由自在里重回了童年。

灵性思感

在虎妈狼爸教育下生长的人，很容易把愤怒怨恨最终释放在他们用心良苦的父母上。

这的确不是她的或他的人生，而是你的，所以你必须走给他们看，好让他们放心地松开缰绳。

紧张、压抑、不安、自卑……也许你也被这样的情绪包裹。如果说它们造成你生长的土壤不舒适不肥沃，但你依然可以收拾起负面的情绪，在风霜雨露、艳阳微风里枝蔓生长，花繁叶茂。就像她一样。

这个世上没有捆缚你的牢笼，只有你不愿挣脱的温床。

高圆圆
邻家女孩，岁月不容你黯淡

很久以前和朋友闲聊。他说高圆圆应该算内地新生代里最美的了吧。我立即反驳，不应该吧，我非得找出一个反例，证得他心服口服。但是在掐指算了又算后，我承认了这样一个事实：高圆圆还真是美得相当有说服力，并且让一贯都无法共鸣的男性与女性审美奇妙地达成了共识。她的美似乎不单单指样貌，这个一出道即受到关注的美丽女孩，似乎在大众的眼皮底下，悄悄地进行着某种蜕变。

初次记得这张脸，是2001年。"你想知道清嘴的味道吗？"简单的一则口香糖广告，因为暧昧的文案，加之屏幕上这个俏丽又清新的女孩，而火遍了大江南北。她眼神清澈又娇羞，微微翘着的短发，充满青春的气息。似乎广告女郎长发飘飘的魅力在这里失效，这个短发女孩的一颦一笑都打动人心，此时的高圆圆也才22岁。

和很多年少时自知美貌，报考艺术院校的女生们完全不同，高圆圆原本是个循着自己生命的轨迹，过平凡日子的女孩。1996年2月，17岁的高圆圆在念高中，和同学相约去王府井书店买书时，她被一个握着DV的年轻女孩拦下："你想拍广告吗？"因为简单的一则录影，高圆圆从此开启了广告模特的大门。

1997年，还在高中的她拍摄了人生的第一部电影《爱情麻辣烫》。故事里清纯的中学生，青涩懵懂纯真的初恋，似乎都浓缩在这个女孩一汪水灵的大眼睛里。但有趣的是，这个女孩对自己的美貌后知后觉，直到中学收到纷至沓来的情书，才知道原来自己是美的。不自知美丽的她，并没有因为拍摄的多条广告和好评如潮的电影处女作，而改变自己生活的节奏。她的同学们没有视她为大明星，她和同学们一同追国足，一同为国安呐喊，组织俱乐部，自制信封给球员写信，因为交好同学而误成狂热伪球迷的圆圆平静而朝气地过着她的青春。当时的她认为成为演员还有一个银河的距离。这实在是莫大的幸运，相比因为小虎队红遍东南亚，而在建中受到冷嘲热讽的苏有朋；相比因为成功塑造赫敏而闻名世界，却只能在校园里忍受妒忌与孤独的艾玛·沃特森，高圆圆周围人的"不为所动"不得不说是一件福事。

说起那些年的她，不得不提一代人心中的经典文艺片——《十七岁的单车》。穿着西装式校服的她，依然是短发轻盈，踩着单车在十七岁的梦里穿行。如果说《蓝色大门》里的桂纶镁是懵懂而忧伤的，那么《十七岁的单车》里的高圆圆无疑是美丽脱俗，带着微微清高，令人可远观不可亵玩的。这似乎也和圆圆当时的大学生活不谋而合，比起以实际行动追求她的人来说，绝大多数的爱慕者选择在清晨的上课人群里搜寻那个美丽的身影，悄悄在食堂坐于她的附近，已是满足。

但此时，愈加丰富的演戏经验依然没有唤醒她对戏剧的渴望。于是，考大学，再到专升本，她都选择了与演戏毫无瓜葛的经济管理类专业。被问及原本的职业目标是不是成为金融精英，她也非常坦率地说，当年学出来的水平应该只能看得懂经济类报纸，做最基础的金融行业工作。但她的确也想过这样一条路，没有不甘，满足而安乐。然而，也许命运终究决定演戏才是她此生的正途。大学还没毕业，已经出演多部影视剧的她便遇到了一个重要的角色，《倚天屠龙记》里清纯而腹黑的周芷若。如今看来，她的确稍显稚嫩，这部戏里最抢眼的是风头正劲的贾静雯。但随着此剧的大热，初出茅庐的她交出了一份不赖的答卷。

后来，她说拍摄这部剧时，因为没有演戏方面的专业培训，积累的不自信达到了顶峰。压力大，脱发，以至于"鬼剃头"都发生在这段时间。似乎相比于对演戏的不自信，不适应这个浮华名利场的诸多明款暗律才令她不知所措。出席大型活动，均是业内的导演、演员或投资出品方，一见到熟识的人寥寥无几，不习惯与陌生人搭讪交际的高圆圆，选择去卫生间熬过这段很多女演员挤破头皮，争相自荐争取机会的时间。觉得甚至在卫生间外的走道上望一望夜景，也比周旋在陌生的面孔间来得自在。这份害羞还延续到了为人处世上，拍《秦王李世民》时，高圆圆和何润东擦肩，一不留意，头发缠到了何润东的衣领后面。不好意思上前说明的高圆圆，硬生生跟着何润东走了好一会儿，被对方发现才解开了尴尬。

　　似乎拥有这份性格的高圆圆，对于光鲜的娱乐圈，大有些误入藕花深处的味道。得知她一款手机，可以一连用五年，实在破旧无法继续用，一定买同款继续使用。直到该款手机停产，她特地飞往香港买这款手机的翻新机。某日一算，她竟已买了10部一模一样的手机。这份执着与始终如一几乎令闻者惊呆。她说如果没有做明星，她应该是在做一份极其普通，很机械的工作。她并没有强烈的企图心，如此看来她的初心是很有些发自内心的，做一个默默无闻的普通人似乎更适合她。难怪她说这辈子做的最勇敢的事，便是成为一名演员。

　　邻家女孩是很多玉女明星初出道的标签。清水出芙蓉，自然深得人心。可是邻家似乎也是个魔咒，岁月残酷，总有一天细纹与疲惫也会爬上那个清纯如水的邻家女孩，沧桑与蹉跎也会掩盖当初她肤如凝脂的光芒，于是演艺圈有太多的邻家女孩在惊艳了世人后，便渐渐日薄西山，不知所踪，抑或沉浮在传闻里，不得善终。无论是事业还是爱情。

还没有考虑星路定位的问题，高圆圆在几年的影视剧演出后，到达了纠结的边缘。这份职业是留下还是离开，是热爱还是讨厌。其时，常年身体抱恙的母亲忽然病重住院，她放下本就不留恋的演员生涯，婉拒了赵宝刚与陈道明的戏约，全身心地照顾母亲的起居。后来，我才得知在多年的拍戏经历里，她常常是片场医院两头跑，母亲的健康是她生活的头等大事。没有被名利迷失心智的她，难怪这么多年还是有那样清澈明亮的眼神。家庭里以母亲为重，父母恩爱的关系，没有令她因为受到过分夸赞而骄纵。低调的哥哥和她一样，乐于过普通人的生活，似乎也没有因为妹妹的声名而嘚瑟炫耀。一家人的平常心与得失观，似乎也是她从容淡然的性格之源头。

也许是对演戏的热爱终于从她内心苏醒，也许是常规工作照顾母亲的不易，她终于卜定决心，在演戏之路上继续坚定地走下去。而重新出发的高圆圆悄悄地踏上了改变之路。有人说在观众眼里，她还是那个清纯的"清嘴女孩"，但实际上她已经发生了翻天覆地的变化。也许当一个人决定了心中的热爱并为之努力，没有任何困难可以阻挡她的前进。

多年前穿着朴素，甚至土气的高圆圆开始在狗仔的街拍里，显露不俗的穿衣风格。多年前无心聚会周旋的她，尽管依然偏向于与熟悉的人交谈，但出入于各大国际时装发布会已成了常事。邻家、安静、纯净的她，终于告别了这些固有的修饰，知性、OL、大气、时尚，更多地成了她的标签。而自信与精气神，几乎溢出她那双美丽的眼。《单身男女》里穿着高跟鞋健步走在香港街头的知性女郎，《一生一世》里无论学生装无论晚礼服都得体恰当的她，令人瞩目，多年后再拍电视剧，她已不是那个战战兢兢，气场弱小的周芷若，《咱们结婚吧》里把各种现代装演绎得时尚而不浮夸，大气脱俗的她，收获了观众的喜爱。

不同于很多女星太过眷恋美丽的外衣，高圆圆前进的脚步并没有停留在外形与气质的打磨上。《南京！南京！》里知性正直的姜淑云，《搜索》里落寞自爱的叶蓝秋，话剧《哈姆雷特》里脆弱发疯的奥菲莉娅……这些年，她留下的经典电影代表作，无不触动人心。于是美丽的她，没有和很多同类型的女星一样，沦为影视剧里没有营养的花瓶。

坊间她凌乱的情史，终于以一场完美温馨的婚礼终结。不得不说，她的恋人一个比一个更懂得体恤她，更懂得珍惜她。温润如玉，随和不躁的她，在每一段爱情的结束，都以最优雅的缄默给这段曾经的美好，画上一个最完美的句点。这是她的礼貌与修养，也归结于她的尊重和眼光，因为对方也非常默契地对这段离别三缄其口，无一不对如今幸福的她报以祝福。陈凯歌导演戏谑称，无论是谁演了《搜索》里的这两个人，也是要爱上的。赵又廷，台北演艺世家出生的天之骄子，一贯的骄傲却在遇见她的一刻全成了欢喜。众人都在揣测他们一北一南，一个土生土长在北京，一个在加拿大成长，如何在三观上达成共鸣。他们却说，从没有一个人如对方一般，和自己这样共鸣与默契。那期《康熙来了》里，赵又廷一改往日的敷衍与沉默，对即将迎娶的新娘不吝溢美之词。她比他大 5 岁，她已到了迫切希望结婚的年龄，而他迫不及待给她许下生命里最郑重的承诺。也许这才是一个男人的动心，不会因为担心自己的声名被影响，不会因为留恋红尘里未看尽的风景，而在人前回避感情。这次，高圆圆遇见了真正爱她的那个人。

美丽不同于好看，漂亮，后者不过是样貌的出众。美丽包裹着气质的不俗，谈吐的大方，性情的温和大度，处事的从容体贴。都在众人猜测女神必定是十指不沾阳春水时，高圆圆的厨艺再一次令众人啧啧称赞。当她光彩照人地继续承包着各大杂志的封面，和那些年与自己一起迷过曹限东的高中同学互不嫉妒地分享自己的近况，毫无疏离，当她挽着她的爱人笑靥如花，我想，我看到了一个邻家女孩最美的蜕变。

灵性思感

你也许会说她天生貌美，我怎能企及。但在美女如云的娱乐圈，她原本也只是一缕清新之风。红极一时，又无法应付岁月与生活带给她皱纹与不堪的女星，何其少？

她也曾蹉跎也曾迷茫，却能自省找到方向。成就是需要付诸热情的，她清楚地知道这个道理。而从一个清纯邻家女孩蜕变成一代女星，她既没有自毁形象用力过猛，也没有心焦气躁走错方向。她迈着从容的步子，一点点完成了润物细无声的巨变。

最令人嫉妒的大概是，上天给了她美貌为什么还要给她一个赵又廷。她并不是没有在爱情里受过伤害的女孩。被劈腿，恋爱多年分手，如此令人崩溃的经历她都有过，似乎她更辛苦，不能将落魄与脆弱，心痛与伤感暴露人前，否则将被媒体那支笔乱涂乱画成什么样子？她愿意等待，她终于等到。

这个世上没有丑女人，只有懒女人。如今她为什么异军突起，在高颜值界刷出一片天，完全因为她是个不懒的漂亮女人：了解自己的缺陷，寻找适合自己的穿着打扮，塑造独特的个性风格。时尚不是炫耀奢侈，而是提升自己的精气神，提升自己对世界的热情。女为己容,为什么不快乐,为什么很落寞,你真的令自己美丽快乐了吗?

如果说爱情需要恒心,那么塑造自我便需要毅力。改变自己也许是世上最难的一件事。从躲进卫生间避世,到从容地应对各种大小宴会,这几乎是跨越了心上的高山。人都有向善向美之心,关键是,你有没有那份勇气?

唐嫣
用不仓促的步子，等一场流光向晚

女友即将出嫁，我们曾在一个彼此的他乡遇见，这次冒着大雨去她的婚礼她的家。她穿随意的家居服开门，给她描画新娘模样的化妆师在一旁准备。一进门便被满眼的粉色充盈眼底，已然OL御姐范儿的女友笑说："去年搬进新家，我爸特地给我刷了一屋子的粉红色，大概是满足一下我小时候没有如愿的公主梦吧。"说起公主梦，似乎是每个小女孩都曾经拥有过的美丽童话。就像《爸爸去哪儿》里可爱的夏天穿着公主裙，沉浸在爸妈为她编织的温柔王国里。大批王子灰姑娘的偶像剧也拥有一批永远最忠实的观众。一切都应了那句"少女情怀总是诗"。

提笔的这天，她的工作室向一个"关爱八卦协会"提出警告，要求删除他们对她的不逊之言。除了这家媒体提到的炒作，似乎她出道至今，常常顶着傻白甜、玛丽苏的帽子，实际上颇有点儿委屈。《仙剑奇侠传三》里娇媚痴情的紫萱，《盗墓笔记》里精明干练的阿宁，《没有语言的生活》里拜金后又懂得生活真谛选择真爱的朱灵……唐嫣演出的角色里，并不是清一色的善良纯真类角色，她也吐露了自己想要演出坏女人的心声。细细想来，为什么她被冠以公主专业户，也许是因为在她塑造的人生里，纯真善良的公主更深入人心吧。

能演活一位公主并不是一件容易的事。经历过艰难困苦后的柔弱女孩会从骨子里透出沧桑的倔强，或者换作内心沉闷阴郁的姑娘，勉为其难地演一位公主，多少会因为虚情假意而生硬。而爱笑的她，眼里总装着阳光一般的灿烂，也许正因此，她才成了不同剧本里公主的不二人选：《夏家三千金》里纯善又迷糊的夏天美，《爱情睡醒了》里善良乐观的刘小贝，《活色生香》中楚楚可怜的乐颜，《何以笙箫默》里单纯勇敢的赵默笙。眼神锐利的导演，透过这个单薄的女孩，似乎看见了她并不阴霾的生命积累出的天然的快乐。于是她成了童话里公主的最佳人选。

也许她首先必须感谢她的家庭，赐予她千金不换的个性与健康的心灵。出生在上海普通家庭的唐嫣，却享受了一个公主也不一定能够获得的万千宠爱。她的父亲只是普通的行政人员，却是女儿世界的超人。原本不喜欢孩子的男人，见到了呱呱坠地的可人儿，从此似乎新生。想把小唐嫣打扮得娇俏可人，零基础的父亲觉得商店的衣服也不尽美丽，于是自学缝纫，给女儿从小就打造了格子裙、背带裤等洋气又漂亮的童装。因为女儿从小身形单薄，父亲严厉地管理女儿的饮食，希望她吸收营养，健健康康。进入初中的女儿因为容貌漂亮可爱，受到了隔壁班男生的爱慕。递情书、大声告白已是常事，更有甚者打骚扰电话，或敲上她家的门。呵护着她的父亲如侦查员一般，一路寻到男生家庭，与对方家长反映情况。初中假期时，唐嫣为了和班里同学组队去外地玩撒了谎，父亲识破后先批评反对，后同意、教育她，尽显了严厉背后的如山父爱。

原本亭亭玉立、清秀貌美的唐嫣要追随她最初的梦想，做一名空姐。然而在考上海航空学院航空班时，一路绿灯的她忽然遇到了人生最大的挫折。因为眼底一颗针眼刚刚痊愈，非常严格的升空体检向这个女孩关上了大门。在家哭了七天七夜的唐嫣一时间失去了人生的方向，父母亲看在心里心疼万分。可是年轻终究是件美好不过的事，你可以跌倒，也容易爬起。和同学在上海街头散心的唐嫣，偶遇了第三届"舒蕾之星"的报名，原本百无聊赖、毫无兴趣的她在同学怂恿下报名。一道考题是在上海的街道上向路人索要鲜花，获得最多的获胜，为了支持她，母亲和姑姑特地乔装成路人，郑重地献上一朵，认真地说一句：我支持你。

直逗得她闷闷不乐的脸也展颜起来。

没有想到的是,她一路从上海赛区的季军,到全国总决赛的冠军。舞台上的熠熠生辉似乎给了这个女孩指了一条新的道路。2002年,她北上考取中央戏剧学院的表演系,对于父亲希望她考上戏,继续在父母身边读大学的心愿,这个乖乖女第一次做了自己的决定。抱着对未来人生的考虑,对独立生活的期待,她在东棉花胡同强忍泪水,向帮她打理好一切,即将离开北京回家的父亲笑着告别,一回头已是泪流满面。

对于渐渐长大的唐嫣,父亲仍然是她生活里的超人。在机场误丢行李,半小时后,经过调监控,算路程、时间一系列工作,父亲将行李完好无损地带到她眼前。注册神秘的微信号,在网络上关注自己的女儿,为她评论点赞,却不愿被她知晓。在关爱女儿的神秘又温暖的游戏里,父亲非常享受。忙碌奔波在工作里的唐嫣,往往在上海街头拍戏,一个转身不经意看见,父亲在人群里向她笑着招手。拍摄24小时的广告,父亲便在人群里站上24小时,直被她故作生气地"逼迫"离开,才留下一个落寞的背影渐渐远去。

等待女儿拍完戏,陪着她一路走回家也成了跟拍记者相机里常常遇见的风景。那个镜头里的明星再风生水起,在他身边依然是那个乖巧听话的女儿。她唯一一次暴露于媒体的感情伤害,曾令她痛不欲生。和邱泽分手后的唐嫣独自回到上海，依然是父亲在深夜的机场接远道而来的女儿，为她提行李，陪她一起回那个温暖的家。之后，一家三口飞赴国外旅行散心。

也许他并不是国王，却是那个始终把她当小公主的人。于是唐嫣才会有今日眼底的温暖无伤，她的嘴角才常常挂着喜悦。从小开朗快乐的唐嫣，又是个成绩不错的乖宝宝，于是人缘一直不错，这样的桃花延续到了纷繁复杂的娱乐圈。第一次知道大幂幂竟是唐嫣的闺蜜至交，有些跌破眼镜。一南一北，一个北京大妞，一个上海甜囡，真的可以一个频道吗？她们相识于《仙剑奇侠传三》，起初只是习惯在人群里寻找对方的眼神，后来因为杨幂一条生日祝福短信而拉近了关系。上街购物，杨幂站在她前头霸气砍价，夜深人静，她在电话里分享大幂幂的恋爱点滴。

在杨幂身陷于与唐人的是非漩涡里，她发声力挺。当她遇人不淑，在背叛的伤害里舔舐伤口时，杨幂不留情面地大骂渣男。杨幂的婚礼，她是唯一圈内人，身为伴娘却比新娘子还紧张。杨幂直率而仗义，唐嫣善良而重情，似乎她们的个性在某种程度上达成了共鸣，也完成了互补。而这个在偶像剧里收获完美爱情的女孩虽然在现实里暂时无缘爱情，却拥有了最完美的亲情与友情。

细细看唐嫣的一路，她其实是幸运的，2004年还在中戏读书的唐嫣在3000多名大学生中脱颖而出，被张艺谋选中，成为雅典奥运闭幕式上，中国8分钟的奥运宝贝之一。一出道便遇见《仙剑奇侠传三》这样的人气电视剧，主演的多部影视剧都蝉联收视之冠。曾经有人质疑给20世纪70年代的大陆抛洒过眼药水的琼瑶作品，到底有什么积极的意义。有这样一段话似乎能解释她给世间留下的美好：她能让一个社会被爱覆盖，总比一个社会被仇恨与冷漠覆盖好，甜蜜腻味的爱情，总比苦涩好。如果问灰姑娘的爱情，纯真善良的姑娘们逆袭的故事为什么经久不息，也许正因为她给予懵懂少女对世界的期望，赐予绝望的人生以希望。我想这也是她系列作品的意义。

2015年，华鼎奖的颁奖礼上，因为《何以笙箫默》的赵默笙一角，她成为华鼎奖当代题材电视剧最佳女演员。领奖台上，她难抑激动，热泪盈眶。这个角色曾一次又一次引起网友们对她的非议，但此刻她无需多言，已然证明自己。她热爱坚定执着的赵默笙，也热爱这个故事。她也像那个守着月光的女孩，她也期待迎来云开月明的那天，无论事业，无论爱情。

灵性思感

单纯傻气甜美的女孩就像园子里未经雕琢的满天星，美得不矫情造作。然而如今似乎高冷傲娇，或风情刁钻的形象，因为鲜明的个性更会引起共鸣与喜欢。她不是花瓶，也从来不甘心在一个角色上完成戏剧人生的使命。我想在她最美好的年纪，能够留下这些如梦的故事，留下那些本色的演出，也是青春最好的留影。

她说，她想挑战更多的角色，坏女人也可以。我相信。她极少诉说拍戏的辛苦，面对记者的刁钻问题，她还没有学会滴水不漏，你可以笑话她玛丽苏，那是阴暗的内心无法相信身处复杂圈子的艺人仍然可以拥有单纯的心境，简单的喜怒。因为他们不知她拥有最健康快乐，无微不至地呵护她的父母，拥有无需拉拢客套、更无需故作亲昵的友情。

她生命力汲取的阳光与能量很多，于是，我相信她可以释放更多，在她的事业上与她的爱情上。我从来不觉得爱笑是个缺点，这个笑得傻傻的漂亮女孩，请更潇洒快乐地继续你的人生。

林依晨
不是每个袁湘琴都能成为程又青

娱乐圈从不缺凄凉情事,镜头里佳人们巧笑倩兮,一回眸可倾城,却很难令人笃定她有一世好姻缘。但林依晨,从很久以前我就深信,她一定可以幸福。

她不算美得出众,身材不高挑,曲线不玲珑,五官不很立体,但就是圆圆的肉肉脸,一笑起来眼睛眯成了月牙弯弯的样子,好像多汁的水蜜桃,谁都想咬。她的出道很俗套,17岁那年为了帮弟弟换一台新电脑,冲着6万台币的优厚奖金,她参加捷运美少女选拔获得冠军,进入演艺圈。第一个机会就让一众少女羡慕嫉妒得内心抓挠。《流星花园》大热,仔仔周渝民推出专辑《Make a Wish》,同名歌曲的 MV,就是这个彼时梳着两个辫子的小妹妹,以捷运美少女第一名的身份站在王子身边,一起看烟花，一起许愿，一脸的 baby fat 竟然让人不忍心生妒忌。

她说，当年快要把参赛信投进邮筒的刹那，她想一生也许会为此改变吧。如果不为了弟弟的电脑，没有参加当年的比赛，她说也许她会成为韩文翻译，或者空中小姐。事实是，她的判断很准，从前她还是会在 18 岁生日送糖果内衣给好闺蜜的调皮少女，此后她将迅速长大，挑起一部大戏，也挑起一个家。从出演周杰伦《双截棍》、陶喆《Angel》、五月天《相信》MV 开始，到林依晨 19 岁出演《18 岁的约定》，慢慢开启了她的演艺人生。

和台湾偶像剧的女主们一样，她出道的路线也是甜美可人。2006 年霸占大陆荧屏的《天外飞仙》里，古灵精怪的小七俘虏了一众宅男的心，她虽不美艳，但长相的讨喜，角色的不做作、不矫情却令男生喜欢，女生怜惜。当年，七公主坠落在草坪上，被当时翩翩公子相、正值绝代风华的胡歌从草丛里扶起。一个机灵的微笑，一下子令我心醉，多么萌萌哒的可人儿。

胡歌后来屡次说，最欣赏的台湾女演员是林依晨。演天《外飞仙》的时候，她还在念大学，兼顾学业和事业，从来不生怨气，飞回台北的时间逼近，也能当机立断重拍一次 NG 场景，然后一身湿漉漉地赶往机场，那个娇小又坚强的背影令他难忘。可是台湾娱乐圈从来不缺嗲声嗲气，或者无辜迷糊的可爱系女演员。前有《王子变青蛙》里的陈乔恩，《绿光森林》里的刘品言，后有《恶魔在身边》的杨丞琳，《就是要你爱上我》里的郭雪芙……起初，灰姑娘一般的林依晨好像在其中也不那么特别。

遇伯乐也需是好马。瞿友宁导演应该算林依晨的伯乐，两次让她大红大紫，两次助她拿下金钟奖视后。她的第一个事业高峰是《恶作剧之吻》，前有柏原崇塑造的经典，要想刷新经典不容易，好在林依晨弥补了日版湘琴的不足，一脸萝莉相，让木讷迟钝也成为一种憨傻可爱。

2005年，这个笨拙的小甜妞狠追男神的故事，打动了很多人。"我真的可以死心了吗？我也不知道，像江直树这种超级天才，对我这种依能力分班，被分到最后一班的人来说，根本就是不可能的任务。明明知道会是这样的结果，可是我就是喜欢他啊。"傻傻地喜欢一个不可能垂青自己的人，为了他而努力变成更努力更优秀、足以匹配她的人，23岁的林依晨好像就是永不言弃的袁湘琴，倔强地走着她的人生。

两年后，她演了续集。虽然赢得男神心的湘琴在后来的人生里，依然跌跌撞撞，和直树圈子格格不入的她，却最终推着林依晨第一次拿下金钟奖视后，她在致辞时表现得异常理性："在我生命当中有人跟我说过，演员的使命是带领观众看到更深层的人性，我也竭力做到这一点，我相信台下各位用生命演出，所以我们绝不止可以做到今天这样。"这句话给我的刺激，让我今天都字字记得，邻家妹妹很特别。

从小父母离异，但是她好像不特别偏激，对父亲也从不怨恨。直到她一脚踏进娱乐圈，母亲才告诉她，一家人沦为卡奴多年。相比同病相怜的演员在综艺节目里泪水涟涟，她好像也不大愿意提起负债累累的家事，被杨丞琳在节目中提及，她也是对债台高筑的母亲深表理解。林依晨阳光甜美的国民妹妹的外表下，却有常人无法想象的坚韧。

获得金钟奖那年，她出道6年，拍了15部电视剧，算下来每天超过17小时都在拍片。即使如此，高中即出道的她，仍旧没有放弃学业，边演戏边念书，读完了台湾政治大学（台湾排名第二的大学）韩语系。算一算，那正是她参演《天外飞仙》《恶作剧之吻》的几年。演戏、宣传、学习，奔波其间的辛苦，看似柔弱的林依晨却几乎从未提起，更不用提大做文章，博取同情。大学班导和系里同学惊叹地说："她一定有分身！"忙碌地穿梭在片场和综艺节目里的林依晨，每节课都坐第一排，竟然从不翘课不迟到。直累到2008年，身体状况严重不佳，查出脑下垂体肿瘤，需要立即进行手术。

不止坚韧，还有智慧。中学时期，林依晨曾因成绩优异，被时任台北市长的马英九接见。而进入纷乱娱乐圈，难免沾上是是非非。她在江湖，自然也无法免俗。好友杨丞琳在节目里半开玩笑地说林依晨戴着墨镜口罩出门，是假低调，实则高调，惹得报纸头版大肆渲染两人关系。她也只是淡淡帮好友圆场。

《我可能不会爱你》中某演员失言说她缺乏魅力，送他也不要，言语极其不敬，被曝光后，娱记自然不放过这欲燃的火药线，她也是轻描淡写，不予回击，简单回应也是让看戏者无从抓把柄。

她应该是深谙娱乐圈规则的，所以无法脱身绯闻，但面对人生的困境和可能被兴风作浪的是非，她都巧妙、礼貌，又得体地回击，在个人情感上，也懂得低调才是对自己最好的方式。而戏剧作品中，终于"蛋白质女孩"牌打到观众都疲惫了，女主角们也渐渐失去了原本的光彩。林依晨却凭借高情商悄悄地完成了华丽转型。

起初的她，好像和被定型的台湾可爱美眉无异。但最后决定她走得稳且远的，是她的高情商，敬业钻研精神，教养，人品和天资。在她身心俱疲决定放下一切，去国外游学放松的时候，王明台导演力邀她演出《东方茱丽叶》。拗不过人情，她演出了剧中的林濑穗，此时的戏剧形象已和往日发生变化。野心与复仇心理并存，傲娇又事业心强大，敢爱敢恨的林濑穗，林依晨演起来也丝毫不生涩。剧本改编自日本漫画，还不够接地气，她也算在角色里，对今后的转型小小试水。

演戏的时候，就专心致志，累了倦了就带着家人去旅行。踏足娱乐圈十多年，她的颜，她的孝心好像一点没变。绯闻、是非、单亲家庭、还债经历、情路不顺，她也不是没有，但是从不哭哭啼啼，无处惹人反感，反而让人心生敬意。

"能够独撑大局有不可取代性。"金钟奖评审如此评价她。一个偶像剧的演员，获得了权威的肯定，也获得了掌声和敬意。大学老师说她很成熟，知道自己想要的另一半是什么样的。翻开她的包，一切物品摆放井井有条，在她的温暖小屋里，梳妆台上所有的化妆品、护肤品都被她理得秩序井然。她的高中辅导老师提起她，忍不住夸赞，她不论多忙，每年都会在教师节来看望老师，没有遇到也会留下深情的信笺，饮水思源的重情重义也让她的一路充满了贵人。

因为健康原因，放慢前进步子的林依晨除了带着全家人去旅行，也没有懈怠自己。飞去向往的伦敦，开始为期一年的硕士课程，边进修表演，边完成了自己的新专辑。这个大浪淘沙的圈子里，太多人为了不被公众遗忘，炒绯闻制造话题博头条，她却不疾不徐地在演艺的路上提升实力，沉淀自己。

终于她等到了《我可能不会爱你》。29岁的林依晨在剩女的危机里找到了一条自信果敢的路。又是瞿导，又是和角色同龄，这一次林依晨又好像在戏剧里遇见了自己：智慧、自信、知性。

当年卑微地说着"他那种天才怎么会喜欢我"的袁湘琴，终于成长为底气十足地说着"你不会爱我是因为你没眼光，所以看不到我有多值得被爱。我不需要祝福，因为我本人就是上帝带给这个世界的礼物"的程又青。

2014 年 10 月 29 日，她订婚了。瞄了眼新郎，是她说过会喜欢的类型。她说，在所有角色里，她更像程又青，只是没有那么充满棱角。虽然初老，但是她值得被爱，所以不需要学娱乐圈大龄女明星嫁给脑满肥肠的土豪，被娱记用上"下嫁"的字眼。

10 年前，她还是个害羞的邻家女孩，面对节目组找来的，当年给她家信箱里插过郁金香的初恋情人，一脸害羞。其间，她失恋受伤，在狗仔追根刨底的时候，仍然努力保持基本的优雅礼貌，一曲《纸玫瑰》道尽她不能为人所道的悲伤。现在她依然有可爱的脸庞，冻龄的容貌，但气质已然修炼强大，有一种更加坚定自信的力量。鸡汤文说："你必须非常努力才能看起来毫不费力。"可萝莉可知性可傲娇可呆萌，林依晨看似毫不费力地实现了一切，谁知道付出多少努力？

时运不济时，我们往往慨叹为什么幸运会降临在那些天之骄子身上，为什么没有贵人伯乐在前方等待。殊不知林依晨出道时，家里债台高筑，她艰辛的每一步都是出于承担家庭重任：供弟弟上学，能够还清贷款，给全家人买房为全部的动力。有时想,换作是我,是否能有这般担当和毅力?米兰·昆德拉说:"永远不要认为我们可以逃避,我们的每一步都决定着最后的结局,我们的脚正在走向我们自己选定的终点。"等待好运,埋怨生活,远不如捋起袖子大干一场来得实在。

奢侈成风的娱乐圈,林依晨一直俭省得惊人,能坐捷运,绝对不打出租车。直到2008年买的最贵的物品,还是给妈妈的5万块金项链——其中仍有故事:当年妈妈为了家计典当掉的项链,她按照原样定做一条赠予。18岁后开始撑起全家生计,供弟弟读书。演了6年戏,在2007年终于还清500万元台币(约人民币120万元)的债务,怕随时遭逢不测的她,23岁就写好了遗嘱。

她的每一步都走得稳当漂亮,也许我早早觉得她会幸福,就因为出身普通的她全凭自己,一步步成了人生赢家,给家人带来了幸福和快乐。早期节目里,母亲被邀请来,看着年轻又辛苦的女儿激动落泪,说道:"她很懂事,她丰富了我的人生。"林依晨一向有泪不轻弹,但那一刻她抱着妈妈痛哭。对于凡事冷静的林依晨,家人是她的软肋,当然也是她的铠甲。

被授予优酷指数最佳女主角时,她的致辞和以往的自己差不多,和别的明星还是有点不同:演戏十年了,喜欢自己的戏带给别人触动,在她的生命当中做一些改变,这是对我最大的鼓励!

不是每个袁湘琴都能成为程又青,也不是每个天使都叫林依晨。

灵性思感

以貌取人可信也不可信。可信在于一个人的作息是否规律、饮食是否健康，甚至心情是否乐观都能体现在她的容貌甚至气质里。不可信在于有时候看起来小鸟依人，急需保护的小女生却其实非常有主张，比如林依晨。

女王盛行的时代，很多女生喜欢通过服装装点自己的气场。殊不知画皮画心难画骨，一个人内在的面对挫折的勇气，面对艰难生活的抗压能力，和熬过辛苦岁月的毅力，实际是无法通过外在的修饰所复制的。

她取得的成绩让人为之鼓掌，她的重情义让人钦佩她的品格。但有几人知道笑脸迎人的林依晨，患的脑下垂体肿瘤，正是因为压力产生。这样的女生，不得不让人心疼，而她依然娇小的身段，依然亲切的笑容，并不影响气场这种东西正从她骨血里产生。

伊能静
为你低入尘埃，不如爱己不渝

　　《花儿与少年》第二季热播之后，许晴因为大龄公主病，在网络引起一番番的骂战。似乎孩童、少女们发嗲撒娇是可爱，万般难事都可答应。可是一旦上了年纪，如果还是一脸娇滴滴，希望被人捧在手心就有点令人接受不了了。一时间，"没有公主命就不要犯公主病"，成了广大年轻人对"半老徐娘"们的呼声。

　　曾经被众星捧月的玉女们，在年华老去后这般不受宽待，想想也知道她们有多失落，还真是有点理解。如果说娱乐圈是公主病重灾区，我想必须说到这样一个她。

　　数十年如一日的粉色蓬蓬裙，卷卷的长发，大蝴蝶结，据说她把全台湾蕾丝都穿在了身上。很多年前想起伊能静，浮现在我眼中的就是这样的场景。只能说媒体对她非常不客气，于是不问娱乐事，偶尔看报纸的民众，会在见诸报端的她的各种报道里，建立起一个矫情、做作的女子形象。

直到2009年，她因为一张牵手照掀起婚内出轨的轩然大波，一时间好像所有人都在冷笑着看她的笑话，看她高攀的婚事终于以最不体面的方式全线溃败，看她那个好像不谙世事的少女脸庞即将在铺天盖地的口水里迅速地萎谢，看她将怎样在失掉的民心里收拾狼藉的事业。但她令这些可怕的看客失望了，也是在那时候，我发现她并不是想象中的那个人——被传媒扭曲妖魔化后的女人。

她复杂的家庭背景、成长经历一直是她为人诟病的重要原因。父亲是因为时代原因被迫离乡来到台湾的人，生一个男孩继承香火，成了这个异乡人唯一的心愿。即将出生的第七个孩子成了他绝望的赌注："如果不是男孩，我就走了。"结果，伊能静降生了。父母离婚，家境清贫，缺席的父亲在母亲口中，是个自由的浪漫的纯粹的人，即使有了新家庭的父亲来向母亲要一点生活费，母亲也是不会拒绝的。后来，她总是感谢母亲，给了她最初的善良。这似乎也影响了她最初的爱情观，喜欢年长的男子，渴望被当作女儿般呵护，爱人必须令她敬仰，她甘愿牺牲与等待。

起初，一个母亲带几个孩子实在困难，她被寄养在同眷村的养母家。后来她被寄养去了香港读小学，再后来漂洋过海去了日本，跟随自己的母亲、继父读完初中、高中。漂泊、颠沛、改名，令少女失去稳定的亲情和友情，但她似乎很早就找到了令自己内心平静的方式。那是三毛的撒哈拉风靡世界的几年，她的多愁善感被浪迹天涯的梦想取代。阅读写作其实很早就在她心里扎了根，初中时中文参赛的作文竟然获得了第一名。但是成名后，她对媒体说喜欢读张爱玲，被讽刺装。于是公司为了打造她的形象，不允许她说实话，将她刻意包装成不谙世事的小孩子。

生父重男轻女，对家中无子的耿耿于怀令她暗暗发誓自己要做那个当家做主、撑起全家的人，而让母亲回台湾过好日子成了她的夙愿。于是，她开始下课后偷偷打工存钱，少女时光并非无忧无虑。因为在台湾的照相馆洗照片，被老板留存做样板的一张证件照被刘文正看中，她那颗等待已久的心找到了方向。一生从事歌唱事业的母亲，深知娱乐圈的黑暗。百般阻挠下，伊能静两边诓骗，穿着一身制服，留下一张"我去上学"的纸条，就拎着行李，用打工挣的钱买的机票，离家出走飞去了台湾。

她的早期经历在媒体笔下，一直是叛逆台妹、大逆不道。但想想她儿时的遭际，没有丝毫可以怨她。她原本也好像是被命运重击，必须随波逐流的浮尘。只不过那一刻，她不甘愿做任命运摆布的弱者，为自己的人生重新做了选择。后来我们只记得她的《十九岁的最后一天》《流浪的小孩》红遍亚洲，却不知道那段日子,正是母亲阻断她的经济来源,不允许任何亲戚接济,只盼她受困回头的时候,她无奈让失联多年的父亲来帮助这个未成年问题少女签约,结果父亲归路上便车祸身亡。她独自住在小房子里,喝了一年的自来水,一根面包分几段吃,节衣缩食,接受二姐偷偷接济。直到母亲接纳,她的十年都在拼命赚钱,疯狂走穴,只为养家。

她设计MTV里的舞蹈动作,她画图设计歌曲里要穿的服装,并且缝缝补补亲自制作演出服装,她演唱的歌曲中百分之九十都是她自己填词的。直到她终于站稳脚跟,有了发言权,轻描淡写地回忆当年。我才知道,在最初,那个"流浪的小孩"吃了那么多苦头,显露出那么多的才情。我才知道那个总是穿着粉红色衣服的公主病的看似假惺惺的女明星,其实早早就尝尽人情冷暖,她比外表看起来坚强勇敢。

父亲在发生意外前,对她的伯乐刘文正说:"我的女儿没有什么缺点,就是太聪明了。"预言一般的临终之言,道尽伊能静的一路。她的事业,每次看着走到了荒凉,却又能另辟蹊径,再走高峰。但只要关于爱情,她就失掉了她的聪明。她说:"一遇上爱情,我就是个笨女人。"

在首次执导的电影《我是女王》里,她借着宋慧乔的嘴说:爱的勇敢不是不顾一切。这或许是她沧海桑田后的感悟,因为年轻时的伊能静就是故事里那个为爱奋不顾身的姑娘。16岁出道，所有的爱情都发生在狗仔的盯梢里，小心翼翼反而愈加激烈。第一场爱情因为害怕失去，她言听计从。对方一个电话，就丢下侯孝贤导演和整个剧组，独自飞往香港，错过了电影《悲情城市》，也没有等到爱人。第二场便是那场和庾澄庆惊天动地的爱情长跑。第一眼就被对方吸引，有才华，阳光帅气，完全是她会倾慕的类型。年长她8岁的爱人，似乎满足了她对爱情的幻想。但是在爱情发生的那些年，他们碍于身份，只能对外撇清。恋爱十多年，只一起看过三场电影，还是一前一后进入，看完即刻分开的。爱人不昭告世人，她也只能躲在背影后，等待一个可能的幸福。

可是一晃十年，对方迟迟不开口求婚。她的事业因为放弃了海外市场，也和他拉得越来越开。她28岁时，在心理几乎绝望放弃。终于，因为她的一场肿瘤手术，他在某一刻感受到失去与拥有的害怕，决定向她求婚。没有婚礼，没有宴请，没有求婚仪式，没有戒指，没有女方家人在场，只有一个普通的教堂，一个敷衍了事的证婚人。当年节目里主持人问："天哪！你不觉得遗憾吗？"她说已经过去了。但很显然，她一直耿耿于怀，无法释怀。

多年前，电台DJ偏爱在夜深人静时，读她的《生死遗言》。

再甜腻的私语再肉麻的桥段，想到是她和他的故事，经由她感性的笔端流出，再由温柔的声音念出，在那一年都觉得很温暖感人。

"看电影《泰坦尼克号》，看到老婆婆与老先生握着手等待着死亡来临时，你在漆黑的暗室里忽然紧紧地握住我的手，我可以感觉你快要流泪，也是在那个时候，我对苍天发誓：有生之年，在我有生之年，我一定要比你多活一天。我会帮你安葬，让你安心，不受失去的苦痛，然后我再陪伴你。"时过境迁，再看全是唏嘘。记得她毫不讳言对他的深情："我总是怕自己太爱你，会让你变得骄傲。""我怕当你知道你已经彻底地拥有我时，你会变得不珍惜。""我变得越来越不重要，重要的是你。"他牵着她的手，唱着《情非得已》，陪她在产房生下小哈利，真心感动了那一年的我。她尊重他的不对外牵手，她尊重他的不提私事。以至于，直到《春泥》的歌词惊艳了我的耳朵，才知道伊能静写词这么厉害，其实彼时她已经匿名在他的词谱里出没了很多年。

她的聪明终于找到了欣赏的人。演绎陆小曼，填词《念奴娇》，开公司，出版15本书，中国达人秀评委……她终于不是卑微的女孩，终于可以大声说出自己的真实想法。而她的婚姻也在悄然发生变化。我一直觉得是积怨，在她的书里早就有了端倪：你抱着电视，而我拥着书，我渴望安静书写，你的音乐声却震耳欲聋,看着那些法国电影,你悄悄地睡着,望着你非看不可的,我却总心不在焉。你不读我的字,不看我的表演,不在乎我的荣耀,你只是爱我,不理会我灵魂的出口。大概每一个才情女子,都希望爱人能够欣赏自己,张爱玲可以为了一个懂得低到尘埃。而伊能静低到尘埃,不过为了他懂得。

当年爱得痴缠,离开的时候她却非常干脆。或许是够了、想开了,她最聪明的也在于离开的时候留给彼此最后的敬意。不向媒体吐露恶语,有人替她鸣不平,她一一谢绝。对于他和他的家人,她也极力维护。2012 年,她感慨:年轻时候我们把所有的讨好给了爱情,却不知道最后陪伴自己的是亲人。在一起 23 年,这种缘分能有几人。那一年,她不再想讨好了。

离婚后她单身五年,独自打拼,终于实现了自己的梦想。2012 年她买了带花园的豪宅,让妈妈和姐姐们团聚在一起,姐姐的孩子想出国留学,想转学上海,给姐姐、姐夫开火锅店,她出钱出力统统一手包办。老幺最后真的成了撑家的顶梁柱。一开始很纳闷儿,为什么看似柔弱的她,说起这些心酸从来不会梨花带雨。听她说起一件小事,好像找到了答案。她说当年被爸爸的朋友带着去认尸,太平间里,只有她和爸爸,她还不知道什么是死,不懂害怕和悲伤,她去握了握爸爸的手,立刻惊觉缩回。那只僵硬冰冷的手,刺激了年少的她,这就是死亡。见过了死亡,她不再害怕。

她成立电影工作室,发起"静新图书基金",领养孤儿,签署全身器官捐赠协议。她的单身时光忙碌而充实。直到2014年,她和恋人秦昊手牵手宣布恋情。这次的爱情和从前截然不同。对方比她小10岁,却笃定地不畏惧年龄和父母的阻碍。他们因为相同的爱好走到一起,他的爱情观是:无需改变,还会在一起的,才是爱情。当她疑虑时,他像个父亲对女儿一样,告诉她:你这小心脏就不要管这些事了,乖乖在家呆着。

他们十指相扣,他兴师动众在土耳其组织了一场盛大求婚,他们举办了隆重的婚礼。她反复强调:没有穿过正式的婚纱、没有办过婚宴、家人第一次参加,好友祝福亦是初次。本以为此生不会有了,所以非常感恩。好像是过去心理缺失的弥补,她享受和他手牵手走在大街上的幸福。不再委曲求全,她袒露了心声:天下女孩子一定要有那个仪式。就算你再怎么觉得两个人在一起那张纸不重要,或者一个婚礼不代表什么。人是群体动物,需要分享温暖,仪式会在争执的时候提醒你,你们曾在天与地之间许下诺言,这很珍贵。

重归爱情的她,又像一个沉溺爱情的幸福小女人。2016年,46岁高龄的她再度怀孕,因为爱情。但她已经不会慌乱,她不再是那个自嘲在爱情里有受虐倾向的伊能静,她也不再是叛逆的小孩，懂得了亲情的重要，极尽所能地关爱亲人。年轻时候，她被教导，真假不重要，做自己不重要，被喜欢才重要。如今的她，已经不再讨好，对于自己被吐槽玻璃心，公主病，她也笑着说："秦先生说你若不作，我必不负。"实际上，她经历的任何一个挫折，换作另一个脆弱的灵魂可能都会被摧毁。她的内心远比外表强大。当然，也没有人希望把沧桑写在脸上，也许公主病一点也无妨。

灵性思感

一味地讨好不止留不住好情人，也无法维系友情，或者是观众缘。当她开始做自己，当然会丧失一部分粉丝，却也留住了真正爱她的人。我很少觉得谁的人生可以称之为传奇，但她的人生可以称作一个。想想她如何一次次把死棋下活，养活一大家子，我都感觉一种往事不堪回首的味道扑面而来，但她却说感谢那些年的自己。

她说："怎么会不惧怕爱情的离开？只是就算怕也要迎接，这才是勇敢。"她执导的电影《我是女王》里那句台词"真正的勇敢不是不顾一切地爱"，后半句是"是放手"。也许这句话是送给离婚时的她自己。

她的孩子对她说："我不相信我听到的，我只相信我看到的。"她因此泪奔。如果被曲解，被冤枉，也许最好的办法就是做自己，等时间证明。

都说女人四十豆腐渣，但她却越发滋润。对她路转粉的不止因为她一路的艰辛，更因为她内在的修为。她的文字告诉我她不是单纯地圈钱，抑或附庸风雅，她真的热爱文字。她说感情结束时靠《零极限》劝慰内心，她热爱杜拉斯，因为她80岁依然拥有30岁的情人，真正的自由。以至于看着她矫情的微博，越发觉得40岁时也能够有公主病也是需要本领的。

小 S
沐过冷风，依旧渴望

2015 年最轰动的娱乐事件之一，莫过于《康熙来了》停播。当陪伴了一代人成长的小 S 和蔡康永走出黑暗的演播厅，我忍不住潸然泪下。2004 年那个张牙舞爪的单身小太妹，到今天风情又端庄的辣妈，小 S 的这 12 年仿佛是我们一个熟悉已久的朋友的蜕变历程。贾静雯婚变后，接受采访时说："现在看到很多女星，家庭不幸福，还要对着镜头说'我和我丈夫非常恩爱，我老公非常爱我'，感觉很心酸。"不知道为什么，听到这个从婚变风暴中走出的女星的感慨，我第一个想到了小 S。

她实在是女孩子会喜欢的类型。长得娇小玲珑，生过 3 个孩子仍然不影响她的魔鬼身材。在节目里伶牙俐齿，既敢于手撕林志玲，也胆敢挑逗到场的帅气男星，没一样不是观众们暗自在心里所想，却困囿于礼教里不敢妄行的。傲娇的言论，强大的气场从她保养有素的身体里散发出来，适时地制造笑点，时而卖萌时而火辣时而耍赖，让荧屏上的她，成了那种让观众可以一边被她逗得捧腹大笑，一边忍不住嬉骂她几句的女生，仿佛自家古灵精怪的小女儿，令人深深着迷。

况且她的一路成长都被众人看在眼里，完全是一部所有人见证着的一个知根知底的邻家姑娘成长记。她以怪异少女的姿态出道，唱着"我想要飞、我想要飞，反正我已经是残废"之类的变态歌曲，穿着怪异又自认新潮的衣服，和当时玉女红遍天的娱乐圈简直格格不入。但个性张扬的叛逆少女自然也是有人爱的，于是她遇到伯乐王伟忠，开始从《我猜我猜我猜猜猜》里基本担当一个美丽背景的花瓶，到金钟奖独当一面的晚会主持，主持的王牌节目《康熙来了》更是一火十一年。她的一切看似顺风顺水，手到擒来，当这个不美丽的姑娘成了犀利又美艳的人妻，当她看似在婚姻事业上达到了平衡，受人追捧又不显得做作矫情，我却感受到小S不为人知的脆弱。

一路走来，小S的足迹一直有一个姐妹亦步亦趋，即大S。作为姐姐的大S带着妹妹仗剑天涯，小S在身后躲避了很多风雨。也许这正是有趣之处，荧屏上温婉淑女的大S现实中却像个雷厉风行的侠女，不畏人言，极具个性。相比之下，私下的小S

却显得胆小畏缩，太重视他人感受，被恩师王伟忠笑称"卒仔"。闽南语卒仔是指胆小鬼，但又常常装神勇，遇事第一个跑。一件小事上，看到大小S的差别。面到路人偷拍自己，大S直直地走过去，问对方刚才是不是在拍照片，如果拍的是自己，她会立刻要求对方删除，如果不是，也能若无其事地给自己打个圆场。但小S却常常强颜欢笑，不想得罪路人。

所以在凶险的娱乐圈，大S的保护也帮助年少的小S少走了很多的弯路。不良商家提出拍裸露镜头时，小S战战兢兢几乎答应，大S立即斩钉截铁拒绝。小S陷入和黄子佼分手风波里，大S也相当心疼地屡屡帮小S在人前表态，在繁忙的行程中，姐妹俩想要休假，小S无胆对老板提，也是大S不卑不亢声明。甚至小S未婚先孕想要征得妈妈同意结婚，也是大S设计剧情，最终赢得家人谅解。如果没有姐姐的庇护，她还未必能长成今天无坚不摧的模样。

尽管大S对妹妹从不口下留情，也完全免疫她的撒娇耍赖，但都不能一个无视一个事实：小S有一个全天下最疼爱她的姐姐。因为担心妹妹受骗，除了自己在外忙于拍戏期间，小S结识的许雅钧，大S都对她的感情一一把关。小S婚礼上，大S泪流满面发誓："如果你对我妹妹不好，我打断你的腿。"小S孕期检查可能情况不妙，大S暗自对神祈祷，如果徐家必须有一个有问题的孩子,就让我来承担。情深至此,姐姐成了她永远的后盾和盔甲,却也减缓了她自我破茧成蝶的速度。

也许她本来就是个柔弱,却骨子里脆弱敏感的小孩,才会对情感那么重视,对周围人的喜恶那么容易察觉。《康熙来了》黑人和范玮琪做客的那期,她道出细枝末节的事,坦露她和范范友情的疏离。因为怕事情曝光,她在得知范范怀孕时,任由眼泪溢出,压抑着声音说在拍广告。因为体谅范范试管婴儿的艰辛苦楚,不忍追问细节,在发觉友人有了自己的妈妈群排她在外,她深深体会到背叛的痛。她在黑人陷入慈善质疑时,舌战名嘴,力挺好友,在大S婚礼风波时和毒辣的老姜李敖论辩。在维护友情上,她从不脆弱。也许外表的专横跋扈,令她细腻善感的另一面被掩盖了。人们早就忘了,她曾是个丑小鸭一样的女孩。

从SOS时期,相比光芒万丈的大S,小S更像一个自卑的陪衬:龅牙乱齿、个子矮、样貌一般。当那个台湾名主持黄子佼先生,在寒风习习的中正纪念堂外给这个还涉世未深的姑娘披上一件外套,一段爱情发生了,自然,这个伴侣也是经过姐姐审核的伴侣。于是她奋勇地追到了黄子佼,这位当年她只能仰视的明星。两人一起旅行,在节目里刺青、求婚,高调甜蜜羡煞旁人。眼看着即将进入婚姻的两个人,最后以一通电话结束了这段感情。她在节目里大哭,大S和好友痛诉她的旧情人。那个燃着黄头发，事业不见起色，爱情失败的牙套妹一时间好像成了全世界最失败的人。

后来的经历被很多失恋的女孩列为励志的范本，她沉淀自己，和姐姐学习美容方法、整牙、努力修习自己的主持能力。但就是这个可以放下矜持在节目里扮丑，可以放下戒备在节目里大爆自己糗事的小S，不知不觉里获得了蔡康永的欣赏。当时的她以为蔡康永是个不解风情的读书人，却不知道多年后他会成为她生命里不可缺少的重要的人。蔡康永出身名门，满腹诗书，学生时代即出类拔萃包揽各种奖项，从美国加州大学洛杉矶分校研究生毕业后回台。世界上也许就有这样的缘分，无论你们背景学识差距有多大，同样的气味依然会让你们寻找到彼此，然后惺惺相惜。

蔡康永骨子里叛逆，尽管当时小S名不见经传，却深得蔡康永喜欢。于是在《康熙来了》筹备时期，蔡康永便举荐了小S做合作搭档。一合作便是十一年，那个多年前采访王菲会发抖、语无伦次、紧张流汗的小主持，成了能hold住任何场合的名主持，离不开身边蔡康永的呵护。

因为小S对旧爱的深深心结，长袖善舞的蔡康永多年来从未关注黄子佼的脸书，在小S完成世纪大和解后，才跟着小S重启了与黄子佼的社交关联。在小S对来宾嬉笑怒骂、上下其手时，他一脸宠爱地甘当配角。在她因生产生病缺席时,他永远守在那个位置上,等待她回来。他说:"如果自己足够勇敢,《康熙来了》早就停了,他只想写作。可是因为缺乏勇气,而小 S 目前只有这一档节目,一旦停播,小 S 将暂时减少曝光,所以《康熙来了》依然在继续。"

没有抢戏没有不合,他们的默契超乎想象。小 S 说:"如果《康熙来了》没有了蔡康永,我无法主持下去。"在金马奖上,小 S 面对旧日情敌曾宝仪,气场撑得再大,也必须拉上身边的蔡康永,这是她的底气。醉酒后,小 S 最常打给蔡康永,即时就闲聊起来,深夜也可以。在小 S 嫁作人妻,一个接一个地生产后,他依然坚持不随波逐流地喊她辣妈。对他来说,他永远不会把她定义成别人的妈妈,小 S 在他心目中是独一无二的女生。

不是情人胜似情人,不是亲人胜似亲人。当小 S 的生日会上,蔡康永最后拿出他的 Surprise,声泪俱下地,用他不完美的声线,颤抖地唱出"你若担心你不能飞,你有我的蝴蝶",没有人不为之动容。因为蔡康永,懒得出远门的小 S 走进了《奇葩说》的现场,录制漫长,蔡康永偷偷塞给她一张纸条:"你可以把鞋子脱掉。"他看出了她的疲惫。人生得这样一个知己足矣。

小 S 很像我身边的女孩,她不完美。起初她是怯生生的,缺乏主见的,跟着姐姐闯荡江湖。但她却重视感情又敏感脆弱,有一颗叛逆的心。她敢于挑战自己，即使紧张得无法入睡，也能收放自如地调节好一场晚会的温度。她把叛逆大胆给了她的事业，她知道观众喜欢她什么、想看什么，虽然不免在盛宴之后感觉疲惫。她把她的细腻善感给了她的个人生活。尽管她在台上尽显毒辣，可私下却异常温文尔雅，礼数到位，尤其深得长辈喜爱。她能拥有她的贵人、她的朋友，你可以说是她的幸运，但也因为她足够美好，才能拥有。当然她也像身边的女孩一样，即使受过伤害，依然渴望爱情，将维系好一生一世的婚姻视为人生唯一的归宿。

徐熙娴、徐熙媛、徐熙娣，徐家三姐妹从名字上似乎也能看出徐妈妈生育的故事。从希望女儿娴静美貌，到第三个女儿，终于坦露想要生个男孩的心意，取"娣"字。很多台湾家庭依然有很浓的传承香火的想法，因此重男轻女严重。小 S 也许没有想到，她会有和妈妈一样的命运。生完三个女儿的小 S 时不时飘出四胎传闻，她自己都忍不住开玩笑自称"生产工具"。乃至于她不断受伤，招致家暴传闻。老公在外流连夜店，摸其他女星的背，结果被心机深重的女星直接在她的节目里挑明。夫家的胖达人面包深陷欺诈官司，她一脸憔悴面对公众道歉，却被夫家认为因为她的关系影响扩大。谁也不知道她在婚姻里受过哪些委屈，她的婚姻在外人看来岌岌可危，可是她的微博、她每一次发布会的恩爱声明，都在力证她很幸福。

幸福本来冷暖自知。谁也无法预估她的幸福，却可以见证她的昨天。那个躲在姐姐身后不敢说话的女孩，一次次在为幸福告白、澄清，让人心疼她的坚强。世纪大和解上，她说其实分手没什么，只是年轻时的爱情通常比较激烈。年轻时的她，可以在节目里痛哭流涕大骂负心人，但如今的她已经不再是流连夜店的小女孩，平静地看书、做瑜伽、陪伴女儿，这成了她生活的常态，甚至对事业也缺乏足够的野心。

"康熙"走了，而小S将何去何从呢？她已经是一个不需要担心的女生，她可以承担一个家庭，也可以承担她的人生。她的一路经历了很多风雨，蜕掉了一层层皮后，变成了今天眼前的她。因为踏入圈子够早，她青春的样子完全被记录在人们的脑海里。爱情友情，她拼命追求，失去过也得到过。我不能预计她的婚姻，却能预计她的人生，不论未来婚姻是否如旧，她都可以生活得很好。

灵性思感

情感永远是支撑人度过艰难时期的温房。你是什么人，你便能吸引什么样的人。

无论是小S和大S及姐妹淘，或者小S和蔡康永，他们看似截然不同的生命里,都藏着同样质地的暗涌。

我不想说珍惜你的朋友,有可能他是你的贵人,这太过功利,也无法维系长久的真情。

付出的总会在某一个时候回报给你,做一个积极努力向上的人,也能因为无意识地传递了温暖而吸引到善良的生命。这世上必然会有人离开有人加入,而让你从前要死要活的爱人,一定会在某天成了墙上的蚊子血,对于你的人生再无关联。人生还长,不要急,也无需绝望。

当然这所有的道理都不一定适用于婚姻,因为你不知道你是否找对了那个人。

巩俐
时光易逝，从容永存

在我初记人事起，巩俐已是中国影坛的一个传奇。那真是辉煌而美好的时代，依稀记得在暗黄的报纸里，一个风华正茂的女子盈盈笑着。她穿着最传统的中式服装，领口撑着一张瘦削清秀的脸，眼里闪着青涩的亮光，唇角丰盈，她叫巩俐。

初看她的电影，是《风月》。庞府大小姐，一个生活在闭塞的族人里，内心浪漫和人性激情渴望被唤起的女子如意。纯情的她，初穿上洋装皮鞋时眼里的新奇，沉沦在爱欲里的疯狂，心灰意冷后的死气……巩俐诠释得很到位，在仅凭眼神便勾魂摄魄的张国荣身边，完全相得益彰。后来才知，如意的选角远比想象中复杂。从王静莹到张曼玉，从吴倩莲到陈红，都无法和这个角色无缝对接，最终只能擦肩。陈凯歌、叶兆言、王安忆精心设计的如意遇见了已名声大噪的巩俐，青涩与病态褪去，多了很多野性魅力。巩俐给了角色新的生命。

彼时，她已是金鸡奖、威尼斯电影节、日本影评人大奖、纽约影评人协会奖的影后，在国际舞台已绽放光芒了。此时，她才31岁。早早成名，惹得初出道的演员大叹：我就不信天上的馅饼永远往巩俐那儿掉。她看似幸运的星途和人生却没有想象中那么平坦无波。

巩俐出生前，家中已有三男一女四个孩子，母亲果断做了结扎，谁想十年后仍然意外怀孕。已经受家事所累的母亲犹豫着要打掉这个孩子。结果舅舅与之约定，如果生男孩就过继给他。于是，小巩俐降生了，这个上天给父母的意外之喜却似乎并没有显露过人之处。学说话比平常的孩子迟、读书成绩也没有哥哥姐姐优秀。于是身为大学老师的父母亲把精力全部集中在严格管教这个老幺身上。如果说有什么出众之处，便是这个水灵的小姑娘，从小便善于学儿歌，唱童谣。3岁就唱出了《小燕子穿花衣》。进入济南三合街小学后，顺利被选为文艺宣传队员，8岁还被选去济南人民广播电台唱儿歌。这或许也有些继承曾经在抗日剧团演出过的父母亲的天赋。

因为哥哥姐姐也都是教师，巩俐的第一次高考志愿填报了山东师范学院和曲阜师范学院的声乐系。一心想要跟随家人步伐，成为一个稳定又知足的教师的 18 岁姑娘并没有如愿，她落榜了。于是她只能一边工作一边准备再次高考。现在看来似乎是不可能的事，进入社会后心思忽然从封闭的校园打开，有时候连静静地看一会儿书都不可能，更何况要奋力准备高考。可是巩俐没有放弃，就在她一边在济南公安局做解说员，一边在山东文艺出版社做资料员，一边在山东大学幼儿园当阿姨时，她的高考复习正在如火如荼地继续。这一次她目标更加明确，报考了山东艺术学院和解放军艺术学院，然而均未被录取。也许很多人到此就以一句"不是读书的料"改变了人生的轨迹。但苦闷之余的巩俐却没有放弃，此时有人劝她找老师做考前辅导。她茅塞顿开，前往济南军区前卫歌舞团，在这里遇到了第一位恩师尹大为。在这里，她改掉了山东普通话，学会了初级的角色扮演。第三次高考，起初她谨慎地填报山东艺术学院，被恩师一语否决：要考就考中戏。

结果，她在中戏专业考场上惊艳了考官，却在文化课上落后分数线 11 分。招生办不愿失去一个人才，特向教育部艺术教育司要求特批，这才拉着巩俐磕磕绊绊地进入了中戏的大门。如果没有一份执着，和面对挫折的乐观与坚定，也许今日的巩俐是一个音乐教师，不是那个驭梦飞行，照耀了一个时代的明星。

然而，进入大学后的巩俐在文化课上依然焦头烂额，这却似乎奠定了她今后对很多失败挫折淡然的态度。第一次被请去成都演一个小角色，结果在宾馆空等了10多天，最后被告知打道回府，她倒也高兴，头一次坐飞机住宾馆，还都是免费的，何乐而不为。

人生最重要的机遇《红高粱》里的九儿朝着她走来时也并非那么一帆风顺。彼时活泼灵气，略有风姿的少女巩俐和她的同班同学，同样风姿绰约的史可入了导演张艺谋的法眼。但是到底最终九儿花落谁家还未敲定，纠结的他，最终竟然用一枚硬币的正反面决定了九儿的命运，也决定了演员巩俐的命运。

率真的九儿，《秋菊打官司》里执拗又土气十足的农妇，《大红灯笼高高挂》里涉世未深却身陷虎穴的四姨太，《菊豆》里追求自由的菊豆，《活着》里她塑造的贤惠、坚强、善良、忠贞的家珍，尤其令我喜欢……她和张艺谋开启了中国电影的又一个黄金年代。一个巨星的艺术之门，就此打开。在人们嫉妒她的幸运之时，却没有人知道她严冬着夏装演完了四姨太，发烧演秋菊累到晕倒，刚得到姐姐去世消息后就得演新娘戏，代表《活着》去戛纳前得知父亲去世。把苦痛藏在身后的她，经历了生离死别、挫折连连后，越发淡定豁达。

时代造就了她，她也成就了一个时代。《西楚霸王》里的吕后，《唐伯虎点秋香》里的秋香，《荆轲刺秦王》里的赵姬，《画魂》里的潘玉良，《天龙八部之天山童姥》里的巫行云，《漂亮妈妈》里的孙丽英……似乎好角色都被她揽上了,她恰好逢上了第五代导演的创作高峰,而此时的香江彼岸,也正是电影娱乐业辉煌的年代。于是在时代和个人最绚烂的年华,她和周星驰、林青霞、张敏在银幕里过招,留下了令人难忘的倩影。

事业一片大好的时候,也许只有爱情能击痛她最后的软肋,1987年,37岁的张艺谋与22岁的巩俐相爱了,原本是才子佳人的完美恋情,然而因为张艺谋早已有妻有女,这份感情让年轻的演员置身于暴风雨中,也许该感谢那个信息相对闭塞的年代。如果是网络发达的今天,谁也不能设想麻辣的媒体和一些戾气十足的舆论会不会扼杀掉一颗新星。尽管如此,这份不伦的恋情煎熬了她8年。《古今大战秦俑情》里,张艺谋和巩俐借着蒙天放和韩冬儿的血肉,百转千回。彼时张艺谋已离婚,但迎娶她也是不可能,她毅然斩断了这段惊世骇俗、轰轰烈烈的爱情。也许旁观者莫言的话最适合给这段爱做一个总结:巩俐与张艺谋的关系,恐怕不能简单以绯闻总括。观众并不一定盼望她和他终成眷属,她和他是否能够成眷属,也只有他们自己跟上帝知道。现在我知道的仅仅是,这两个人互相搀扶着走过了一段艰难的人生和艺术的探索道路,并且共同体验了成功的欢乐和失败的沮丧。

1994年的秋天,在香港担任京港汽车拉力赛嘉宾的巩俐,经由作家梁凤仪介绍,认识了代表赞助商出席的香港英美公司总裁黄和祥。一个宽厚体贴，温柔成熟，又欣赏崇拜她的男子在对的时候出现了，1996年2月15日，情人节后的第一天，他们结婚了。婚后，巩俐急流勇退，大量减产，东奔西走和忙忙碌碌的巩俐，在婚姻爱情里享受起恬静的生活，和丈夫一起去旅行，常常陪伴在婆婆身边。回归平静的巩俐，能放得下巨星的光环，在平凡日子里快乐安然，也许是巩俐淡然人生态度的关键，无论顺境逆境，巅峰还是谷底，她都能保持一颗平常心度过。

可是婚姻没有想象中简单，1997年的金融危机令黄和祥失业了。夫妻双双无业状态眼看着即将令生活陷入困境。老人生病，开支巨大，巩俐此时复出了，背负的压力和风言风语令原本轻松愉悦的婚姻染上了一丝沉重的阴影。尽管离开了一阵子，但巩俐的影响力仍然不减当年。《漂亮妈妈》作为复出之作，为她赢得了更多掌声和赞赏。重新活跃在世界各地的巩俐，只能通过电话和丈夫、公公、婆婆联络。巩俐拍《周渔的火车》时出事故弄伤了颈部，黄和祥第一时间前往探望，一时情比金坚。时不时去剧组照顾巩俐生活起居的黄和祥，竟然被误认为助理，这对男人来说无疑是自尊心的打击。他重新开始工作，成了亚信金融卓越基金会的区域总裁。丈夫非常支持她的事业，支持她和旧爱张艺谋再合作，也能体谅她的不着家，巩俐也能在他事业谷底时鼓励他、安慰他。

可是聚少离多的日子还是拉远了两颗心，让夫妻的感情减淡。起初，黄和祥叮嘱巩俐每天给自己打两个电话，让他放心。连夜拍戏的巩俐忘了这事，补觉的清晨被一通电话惊扰。"你不知道我会担心吗？"黄说。"手机没电了。"巩俐累得敷衍道。"不是有备用电池吗？"过度劳累令巩俐不想做过多解释，裂缝就在一次一次小矛盾里越拉越开。他们的分手毫不狗血，温情而无奈，十多年的夫妻之情已让他们成为一辈子的亲人。也许这是如今小辈演员处理婚姻问题时应该学习的，既然相爱相处过，自然有情分在，何必撕得太难看，互相伤害这也是对自己当年坚定抉择的侮辱啊。2008 年，黄和祥带着中风的母亲来到北京，见到曾在中风后悉心照料过自己的巩俐，黄母拉着她的手说：小俐，你们的事不管怎么样，你永远都是我的好女儿。

是不是成名早根基深才拥有这份淡然呢？我不认为。在电影选择上，她一向重质不重量，她深深知道等风来的道理，所以才在多年后陆陆续续拥有了《艺伎回忆录》《归来》这样的好作品。才会抨击没有作品靠走红毯博头条的行为。当她成为戛纳主竞赛单元的首位华人评委，当她被法国文化部授予"艺术与文学勋章"司令勋位，当她出任 MET BALL 联合主席，为北京申奥、为世界饥饿问题奔走、呼吁，她也从未放弃她的从容淡定，优雅迷人。

灵性思感

闲看庭前花开花落，漫随天外云卷云舒。任何女子都希望自己能修炼到这番境界，遇事沉着冷静，稳重优雅又不失魅力。这实在需要岁月的洗练。

巩俐是一个幸运儿，因为她生在一个中国电影腾飞的时代。但她也是一个懂得把握自己命运、抓住机遇的人。三次高考的磨砺，屡败屡战的意志力不是常人可以忍受的。爱情的癫狂与失落，流言的攻击与不顾，她很好地成长强大，懂得爱人与被爱。

人生只有一次，何不令自己开心一点，顺境也好，逆境也罢，她总是优雅着，仿佛逃过了时间的磨爪，看起来仍然年轻而神采奕奕。宠爱自己，取悦自己，也许她早已超前地学会了这一课。

林青霞
唯有她美成一个时代

去年去台湾，走到台北西门町已是晚上。地陪大叔指着这片灯红酒绿，五彩霓虹，说："呶，这就是林青霞被星探发现的地方。"相隔海峡的大陆游人齐声叹了句："哦，原来在这。"七十、八十、九十年代的电影早就穿越海峡，震撼了一代人。从前总说有华人的地方便有邓丽君的歌声，我忽然想，如果说有华人的地方，便都见过林青霞的电影，也完全可以的。

2015年，真人秀《偶像来了》原本和其他明星卖力、观众买趣的真人秀无异，即将淹没在浮夸做作的一众电视节目里。然而一位女子的加盟，让这个节目有了不一样的吸引。她推门，穿着微露单肩的礼服，耀眼而星光熠熠，沉稳却又依然灵动地走向镜头。等候在这里的女星们为这推门而入的人或尖叫或流泪，看着这一幕的何炅，紧紧拉着汪涵，激动地说："一个时代向我们走来了。"

换做旁人，也许我实在受不了这番浮夸了，可是她是林青霞，那个在港台电影电视业最繁荣的年代，在香江、在宝岛留下无数传奇的女子。如果说她是为电影而生，回望她的前半生，真是一点儿没错。父亲是军官，母亲是嘉义镇大林社区后勤部制被服的女工，她是家中第三个孩子。瘦小的三女儿觉得自己平凡普通，高中舞会上，女伴们都纷纷被邀请在舞池里起舞，她偏偏无人邀请，从始至终独坐冷板凳。父母唯一的愿望大概便是她能考上大学，但高中联考，她落榜了。

失落而百无聊赖的日子，她和同学张俐仁到台北车站的补习班上课，闲暇时去台北西门町拿定做好的蓝白花纹喇叭裤，偶遇了星探杨琦。战战兢兢给他的一通电话，改变了她的命运。拒绝了演泳装戏的要求，她提出："我们刚高中毕业，只能演学生。"于是杨琦推荐她试镜《窗外》。事实上，在此之前已有星探杨烈在街头向她伸出橄榄枝，却被当作坏人拒绝。之后确定演出《窗外》的她，走在西门町，又遇见了电影公司的大制片郭清江，她再一次被邀请拍电影。这似乎可以得出两个结论，一是那些年如果想成名必须多去西门町转转，二是即使林青霞没有遇见《窗外》，还是会被别的伯乐赏识。

多年后,她推出第一本个人散文集《窗里窗外》。琼瑶在为她写的序里说:"看到这个书名,我便知道她受《窗外》影响很大。"诚然,林青霞也许是注定属于电影圈的,但《窗外》却给了她最美好也最梦幻的开端。如果不是电影公司及导演的执着信念,认为江雁容非她不可——在父母强烈反对下,制片方多次登门拜访,并写下保证书——这部属于林青霞的经典与起点也许不会发生。不得不说,林青霞一直以来的好个性,好人缘,必须感谢她的一对好父母。

不图荣华富贵,只希望护得女儿一世安稳,父母起初才会百般阻挠她进入演艺圈。见实在劝说不了,母亲严审剧本,将吻戏全部打叉。父母特地登门拜访同剧组演员,等一个下午只为让他们再三保证宋存寿导演是一个值得信赖的好人。初涉影坛的林青霞,每一天都为新奇的景象感到欣喜快乐,回家每每和母亲诉说,母亲都不无担心地说:"希望你以后也一直这么快乐。"嫁入邢家后,父母不忘叮嘱她不要偏心,要对前妻的孩子关爱。如此这般明事理的护犊父母心,令人感动。

林青霞曾说,自己很幸运,进入演艺圈遇到的都是好人。她还有一番幸运,便是遇到了电影最好的年月。尽管因为审查问题,当年《窗外》在台湾没有公映,但在香港依然造成了轰动影响,收获了惊人的六十五万港币。王家卫导演在台下,看着台上这个为宣传电影而来的清纯少女，说了一句："这将是港台地区红透 30 年的一颗明星。纯粹如水的她，当年以一个无瑕少女的形象走进了电影，开启了一股轻盈的清纯之风，也走进了千载难逢的好年华。"

《我是一片云》《彩霞满天》《一颗红豆》《月朦胧鸟朦胧》《金盏花》《雁儿在林梢》……琼瑶笔下那些美丽、青春、纯真、俏皮、飘逸的女子，似乎便是那时的林青霞。短时间，大量的爱情文艺片，不同的男主角，同一个她，各不相同却又同样愁肠百结的爱情，竟然没有令观众们审美疲劳。难怪快意恩仇的徐克会说，像林青霞这样美的女子，50 年才出一个。

在冰天雪地里轻逸地谈情拥吻，同时拍摄 6 部戏导致靠在墙壁上也能睡着……恶劣的环境和艰苦的拍摄，她不止没有打退堂鼓，更无抱怨脾气，绝不恃宠而骄，始终保持着亲和谦逊的心。以至于 1979 年飞往美国休假，接机的人一时未认出她。都以为传说中的巨星必是身穿华服，浓妆冷艳，墨镜遮面。没想到她素面朝天，俨然一位清纯少女，推翻了假想中的种种。

相比她工作上的敬业，为人上的和善，艺术上的璀璨，似乎爱情是她生命里唯一起伏不定的阴云。也许只怪你过分美丽，只怪在那成年累月爱得痴缠的亲昵剧情里，貌美男女难免意乱移情，情动难已。于是她爱上那个有家的人，他不愿离婚也不愿舍弃令自己心动的这个女子。强势妻子终于被惊动，在片场半监工半示威地陪伴他。那是没有网络的时代，但经由各大报纸的大肆渲染后，口诛笔伐依然向她砸来。一个真正爱你的人，怎会舍得你忍受这般伤害？一个有责任心的男人，又怎会放纵自己所谓的爱情，让爱自己的女人统统为情受伤呢？

起初反对她演戏的母亲说："最红的明星到头来还不是以自杀收场。"此时的她，算是体味了母亲的忧虑。人怕出名猪怕壮，何况她已是台湾第一红星。插足婚姻，导致对方婚姻破裂，满城风雨，意乱情迷，她在此时远走美国。另一位爱慕她的男子追去美国，许下婚约。她订婚前的一通电话，换来爱人"随便"两个字。如果这般死心倒也极好。可是孰知世事有反复，她还是和这个为她漂洋过海的痴心人分手了。说是性情不投，说是心窄好妒，怕说到底都是不够爱。

1985年，重新单身的她，接到了多年前男人的电话。他已离婚，她已单身，似乎他们已无所阻碍。在1991年林青霞为亚视《向每颗星致敬》节目组拍摄的纪录片里，她一脸幸福地依偎在他身边，那是深爱一个人才会流露的满足。在香江三才子质疑他不够担当时，她负气反驳，他是世界第一号的男人，胜过你们仨。旧友高凌风生前感叹："林青霞深爱着秦汉，太过情深以至于不被珍惜。"正当这对神仙眷侣在众人眼里再无差池，她却在四十时断然地与他别离。从少女到青春渐逝，她等了他20多年，却等不来一场婚姻。

1994年6月29日，她与香港富商邢李㷧结婚。这个在感冒时特地为她带来自己中意的香港美食的成熟男人，打动了她漂泊而失落的心。婚后的林青霞，显露了她最美的一面。不是她倾城的美貌，而是经得住时间考验的品质。在不怀好意的眼睛盯着林青霞如何与丈夫前妻的孩子相处时，她和丈夫女儿邢嘉倩其乐融融的消息不绝于耳。连邢李㷧的前妻张天爱也忍不住赞："我很感谢林青霞，她对我女儿好好，见到她们像朋友般，我真的开心。"邢嘉倩为她的《窗里窗外》写道："我喜欢听她读她写的文章，看到她被自己的文章感动而脸上绽放着喜悦的光芒时，我真为她高兴。"

在关于她婚姻的负面传闻被不怀好意的媒体炒作时，邢李㷧在她60岁生日之际，献上深情祝愿，粉碎了诸多谣言。耳顺之年，她再写一本《云去云来》。演了那么多年的别人，她在文字中释放了自己。女儿们的叙述里，她是那个可以挑灯夜战，不分昼夜写作，在倾诉自己后获得内心宁静的诚实叙述者。在所有的溢美之词里，我觉得金圣华先生最是一语中的。他用英国浪漫派诗人济慈的"美即是真，真即是美"描绘她文字里的洗尽铅华，朴素真挚。演戏时，她不矫揉造作，写作时，她更不舞文弄墨,的确是"豪华落尽见真淳"。

《偶像来了》里,娜扎哭诉自己在舆论上收到的非议,她竟一时心疼得落泪:"我们会支持你的。"历经风雨的她,早就练就天然的淡定与气场,却在这一刻暴露了内心的慈悲。她这大半生,享尽了世间的赞许与倾慕,也承受了巨大的压力与指责。所以她才会在迷失时远走美国,在疲惫时嫁人归隐。但她的好性情为她赢得了好人缘和好命运。她是幸运的,也是值得拥有这一切的。在玉女戏路走到尽头之后,她骨子里的演技潜力才真正被挖掘。《滚滚红尘》里痴情又机敏的女作家,她一颦一笑、落寞狂喜恰到好处。疲惫的爱情似乎也和角色里那个负心男人带给女作家的伤害达成了共鸣,那一年她获得了金马奖的肯定。《重庆森林》里神秘冷酷又寂寞的杀手,到经典的东方不败,《东邪西毒》里神秘冷峻的慕容嫣,《新龙门客栈》里男扮女装的邱莫言。徐克不惜违背金庸意愿,挖掘了她潜在的英气。王家卫又将她内敛却丰富的灵魂唤醒。

不知不觉,她成了传奇。琼瑶剧里不缺美丽女子,却不见得个个如她流芳百世。俗滥剧情没有埋没她眼里流动的青灵之气,在被戴上甜美清纯王冠后,她依然有勇气演绎雌雄莫辨、英气逼人。她的幸运也许在于,早早地遇见电影,让世人见证了她毫不自知的美丽。而猜中了开始,人们并没有猜中结局。都说美人迟暮亦是人间悲剧，她的晚景，却美得不输曾经。

灵性思感

那真是个美女如云的时代，李嘉欣、关之琳、蓝洁瑛、朱茵、陈德容……粗粗地一数也不在少数。如果说她为什么可以独独代表一个时代，令今人久久无法忘怀，也许都因为她的真，在镜头里的美丽、纯真、自然是电影史上清新如风、无法抹去的经典。更重要的是她镜头外的真。真诚待人，收获朋友，真诚爱人，无怨无悔。

人的一生何其漫长，年轻时的美不胜收终究也有落幕的一天。多少美人惧怕岁月的侵蚀，将化妆品堆叠在身体上，艰辛地和时间持续一场绝无胜算的拉锯战。她却坦然接受岁月恩赐的皱纹与松弛。然而无人说她不美，她的皱纹里不复年轻时的慌乱矜持，她更放松更淡然，更有气质也更有气势。经历过的风雨伤痛寂寞，没有令她性情古怪。相反，她在写作中努力倾听自己，在归隐处寻找自己新的能量。一切不过真实即美丽。

加之她身的赞誉没有令她骄纵，加之她身的毁谤也没有令她愤怒。她仍然会为愉快的事欢笑，为他人的不幸流泪。当她和友人惊叹"原来我当年这么美，像个小女孩一样傻气"，亦舒忍不住叹:"美而不自知,说的就是林青霞。"也许正因为她懵懂纯然,才始终那么真实不造作,才令赖声川感慨:"《暗恋桃花源》里的林青霞是无法复制的,她的美,是一个时代的美。"

胡因梦
任她云深不知处

《午夜巴黎》中，身在 1920 年的女主角阿德里亚娜说："19 世纪才是我喜欢的时代，我太热爱那个时代了，一切都尽善尽美。"如果说怀旧是一种病，我想很多人都有或重或轻的症状，于是在老电影里寻找 20 世纪 80 年代辉煌的香港影坛，在琼瑶剧里追想那些美丽不可方物的水灵女子。

七八十年代的台湾，是个众星云集的时代。琼瑶式爱情也孕育了一群高大英俊、楚楚可怜的明星。他们各有千秋，唯有一人，令我为之震动。起初是听闻艳绝宝岛的台湾三胡：胡慧中、胡因梦、胡冠珍。胡因梦，她的名字也透着一股子梦幻之气。

有一回我走进一座大楼等电梯，电梯门开时，从里面走出一个完美得不论身形姿态都让人目不转睛的女人，那就是我看见胡因梦的第一眼。台湾作家孟祥森这样形容她的惊艳：她肤如凝脂，螓首蛾眉，一双大眼睛，眉目皆有情。其实后来我认为单眼皮更符合她的个性与气质，鼻梁挺直，嘴唇丰润，不是锥子脸巴掌脸，显得端庄大气、清丽不俗，是我极其喜欢的样貌。

初入辅仁大学便引起轰动，13年从影经历留下了无数美丽的传闻。尽管她自己早已对从小便不绝于耳的对美貌的赞美习以为常，但她的反应却异乎寻常："从小到大一直有人赞美我的外貌，然而只有我自己清楚，单眼皮（注：她的双眼皮是从影后整形的）、平胸、大手、大脚、上身的比例稍长，绝非标准美女的条件。我内在的世界永远无法透过外表无遗地展露，上天赋予我的这一副肉身似乎是恩宠，又像是诅咒。"

自嘲靠着美貌在电影圈混日子，在电影里完全就是个花瓶。说腹有诗书气自华也好，她内在的与众不同早就在她的外表留下了气息。在当时的演艺圈，正红旗的血统，辅仁大学德文系，美国新泽西西东大学大众传播系的中西方教育背景，让她在一众女明星中显得尤为不同。有人说她的美拥有一种因为才华而透露出的傲气，神秘和清冷，一下子就把别人的胭脂俗粉比下去。真是一语中的。

《云深不知处》的娴静淡雅的陈春兰，《代客泊车》的雍容华贵的史提拉，她塑造的40多个角色实际变化万千，一颦一笑透着神韵,绝不面瘫死板,她说自己不适合电影圈,我想不尽然。如今看来,这些惟妙惟肖的演绎她似乎动用一些小聪明后就能完成,只怪她不止美丽还太聪明,没有太大挑战,名利充斥的娱乐圈对她并没有太多吸引力。更重要的是,和今日处心积虑炒作博版面的明星不同,她无法接受自己的私生活被媒体抽丝剥茧,和琼瑶剧里温顺柔情的女主角们不同,自由叛逆才是她内心蠢蠢欲动的小火苗。刚进大学校园,她便敢穿"需要麻袋来遮住屁股"的迷你裙。因为对性好奇,她曾独自骑单车去电影院看异乡色情电影。很久以前,读了她的《生命的不可思议》,她神秘浪漫又野性不羁的生活令人觉得惊世骇俗,但也令人深深为之着迷。她不甘心做一世花瓶,她也绝不是花瓶。

与有情人,做快乐事,别问是劫是缘。胡因梦的前半生几乎都在践行这句话。从前便觉得她气质不凡,在质朴略带土气的本土明星中,结合了东方与西方的气韵,演绎起果敢风情、洋气冷艳的新女性好像才更像她自己。大学二年级她便从辅仁大学退学,去纽约学习,恰逢花花世界的性解放,她体验其中,非常特立独行。她不讳言自己情感经历的丰富,也难忘初恋男友。在咖啡厅里一眼邂逅这个混血男人,熟悉感涌上心头,她强烈想要安抚他,用手截住斜斜飘过来的他的烟,一段深刻的初恋开始了。在后半生的灵性修习里,她读懂了当年自己的不安全感、占有欲和嫉妒心，都是父亲离开母亲不再回头的心理投射。

可是当年的她并不懂。27岁她动身去纽约进修，其间把《演员圣经》翻译成中文，这似乎是她的其他才华第一次使用在电影上，33岁她离开影坛，毫无眷恋。她曾无奈地说："因为别人总是自然而然地把我归到花瓶一类的角色中去，而自己的内心世界永远无法透过外表无遗地展露。"她并不肯定角色给她的明星光环，和媒体给她定义的花瓶人生。实际上，她不止通过电影成了大众情人，更赢得了不小的荣誉。1986年因主演《我们都是这样长大的》，她被亚太影展评为"最受欢迎明星"，1977年凭借《人在天涯》获得第14届金马奖最佳女配角奖。

然而银幕上的13年依旧无法引起她内心渴望的成就感，她自嘲拍的都是三厅电影，即角色都是出入餐厅客厅咖啡厅的女子。于是她在银幕上绽尽美丽后，终于开始了向往已久的向内在的研习，在对抗人性之孤独脆弱上做永恒的探讨和研究。浮华留不住她的心。

并非没有一人懂她的内心，我想与她纠缠一生的李敖至少懂。如果有一个新女性，又漂亮又漂泊、又迷人又迷泹、又优游又优秀、又伤感又性感、又不可理解又不可理喻的，一定不是别人，是胡因梦。李敖在即兴创作《画梦——我画胡因梦》时，写下这样的评断，后来成了回忆胡因梦最多的句子。

尽管他们交恶多年，但只有李敖说起胡因梦才不是水中望月，轻描淡写。她是才女、是贵妇、是不搭帐篷的吉卜赛、是山水画家、是时代歌手、是艺术的鉴赏人、是人生意义的勇敢追求者。一言蔽之：她风华绝代。其实若论胡因梦之特别，大概从嫁李敖这件事上已可看出。在女星扎堆嫁富商找一个下半生的依靠时，狂狷才子、风流成性的李敖显然不是靠谱人选。

经过近半个世纪的交恶，他们当初相爱的细节已经不可细究和再现，但毋庸置疑的是他们曾深深迷恋对方。当她坐在他大腿上，为他跳巴加尼尼式的"女巫之舞"时，他们有过短暂的甜蜜与快乐。1980年5与6日，相识8个月的他们，尽管此时已矛盾横生，但胡因梦还是在母亲左右摇摆、反对之时激起内心的叛逆，毅然决然地穿着睡衣，奔赴李敖家的客厅举行了婚礼。27岁的她愤世嫉俗，李敖的文字和事迹为她构筑了一个理想化的形象：一个有真知灼见又超越名利的侠士。梦想和爱情崩塌得很快，3个月又22天之后，才子佳人离婚了。

年轻时候谁不是紫霞？幻想着另一半是盖世英雄。可是不断美化的偶像成为身边和你一同吃喝拉撒的平常人，自然也会暴露出很多缺点，甚至比一般的凡夫俗子更多的癖好和个性。多年后，清瘦的胡因梦剪去了风情的长发，戴上了眼镜，穿着素净，眼里褪去了凡尘的欲望，说起这些恩怨情仇，有了另一番解悟：

你人生中所有发生的事都是你自编自导自演，都是你内心的种子在你心里钩住对方，成为你密不可分的东西。

事实上，息影后的她曾经饱受抑郁症的折磨，尤其是41岁高龄生下女儿胡洁生后，她陷入了8年的抑郁。在痛苦挣扎里，她完成了对个人的审视，通过对克里希那穆提的思想的翻译和研究获得了心灵的解脱。她倡导女性主义理论，戳破家庭教育向孩子灌输牺牲精神的邪恶。更放言："我其实骨子里是个真正的男人，那些看着我流口水的男人眼睛都瞎了。"33岁后的她终于做了自己真正心之所系的事。

前夫李敖却从不曾在言语上"放过"这个昔日的爱人，自诩在凤凰卫视做50次节目骂了她50次的男人，似乎对她没有被时间减弱的眷恋欲盖弥彰。1994年，胡因梦生下女儿，因为样貌酷似连战，一时风言风语四起，李敖却断定胡因梦不可能和连战有瓜葛，《色戒》大火，李敖不屑地说："汤唯哪算美，我前妻胡因梦才是大美女。"胡因梦用休战和解首先完成了这场婚姻演变的荒谬剧对自己心灵摧残的拯救。

2003年胡因梦50岁，李敖辗转打听地址送去50枚玫瑰。卡片上写："希望长命。"那条微博却依然不减风流才子当年追女孩的煽情："离婚以后23年，我送她50朵玫瑰，是蓦然回首、是生日礼物。10年过去了，多少人非、多少物故。再送60朵吗？我犹豫说不。花店要收件人地址，我要打听。辗转传来的讯息是她有远行、人在大陆。我恍然一笑、欲送还休。没人看到60朵花谢，岂非礼之大者？蓦然回首，众里不再寻她，云深不知处。"

虽然看透送卡片人的蔫儿坏：就是提醒你，你再美，也50了。但已然70有余的李敖似乎也难以真正忘却这个风华绝代的女子。

于女儿的生父，孩子比她更懂得自保："这是我家的事，与你无关。"胡因梦在爱上的失落，无不和她父母间破碎的关系有关。失爱的母亲有金钱恐惧症，对父亲的恨转化为对她的苛刻，在她极度叛逆又传奇的前半生，这些因子爆发在她的每段爱情里，让她守护不了任何一段爱情。母亲临终前终于释怀了这一世母女间的交恶，说："来做我的女儿吧。"而生女后饱尝抑郁的她，似乎也曾有过重蹈覆辙，在快要成为一个"虐待狂"母亲时挣扎着。如今她是作家、翻译家。经历过人世的磨难，风光与风浪，用自己的智慧在证明价值，用自己的淡然影响人间。若她的前半生是与有情人，做快乐事。那她后来的日子便是做快乐事，任你云深不知她在何处。

灵性思感

她实在是传奇。美艳不可方物，但这美不纯粹靠父母赐予的容貌，更靠她后天散发的气质。对知识的不断攫取，对世界的不断认知，对哲学的不断研究，令她书卷气、知性、丰富、淡然、神秘、风情。所以她曾说自己并不是最佳的七八十年代的戏剧演绎者，那张脸太有想法，不够柔情与蒙昧。但这不影响她的气质迷人。

一个美丽女子，最怕恃宠而骄，靠着美貌挥霍年华。她却把美貌视为个人魅力的绊脚石。她懂翻译，对心理学、哲学深感兴趣，娱乐圈的浮华与光环没有磨灭她最初的想法。也许有人认为，她在灿烂的年华嫁了一个可能葬送她前途的男人，在风华正茂时不后悔地转身离去，太不合算。但骨子里叛逆，内心非常有思想的胡因梦，明白人生在世，要令自己快乐。她的自由主义，她的理性深度令人折服。

她说："李敖一定程度上改变了她的命运。"是对梦想的破灭？是对两性关系更实际的认识？作为外人无法一一体悟。但若时光倒流，我想她仍然会飞蛾扑火，一头栽进南墙，因为她从来是至情至性。

因此她并不适合娱乐圈，却不代表她黯淡离去。她的光彩永远照耀着那个时代。也许李敖的那句话是对她最好的总结：胡因梦不纯粹是明星。明星都在演戏，但胡因梦不会演戏——她本身就是戏。